혼자서 마음을 치유하는 법

혼자서 마음을 치유하는 법

2020년 9월 10일 교회 인가
2021년 1월 24일 초판 1쇄 펴냄
2024년 9월 9일 초판 6쇄 펴냄

지은이 · 홍성남
펴낸이 · 정순택
펴낸곳 · 가톨릭출판사
편집 겸 인쇄인 · 김대영
편집 · 김지영, 강서윤, 김소정, 박다솜
디자인 · 류아름, 강해인, 송현철, 이경숙, 정호진
마케팅 · 안효진, 황희진

본사 · 서울특별시 중구 중림로 27
등록 · 1958. 1. 16. 제2-314호
전자우편 · edit@catholicbook.kr
전화 · 1544-1886(대표 번호)
지로번호 · 3000997

ISBN 978-89-321-1757-7 03230

값 12,000원

ⓒ 홍성남, 2021

이 책은 저작권법에 의해 보호를 받는 저작물이므로 무단 전재와 무단 복제를 금합니다.

가톨릭의 모든 도서와 성물을 '가톨릭출판사 인터넷쇼핑몰'에서 만나 보실 수 있습니다.
http://www.catholicbook.kr | (02)6365-1888(구입 문의)

혼자서 마음을 치유하는 법

홍성남 지음

가톨릭출판사

시작하는 글

자전거 타는 법을 처음 배울 때를 떠올려 보자. 비틀비틀 위태로운 내 등을 누군가 꽉 잡아 주면 한결 마음이 놓인다. 하지만 계속 등을 잡아 줄 수는 없는 일이다. 넘어질 듯 말 듯하면서도, 비틀거리면서도 나 스스로 자전거를 몰아야 한다. 그러다 한 번씩 넘어지고 부딪히는 일도 생기면서 점점 요령이 생긴다. 그리고 어느 순간, 바퀴를 힘차게 내딛으며 눈앞에 쭉 뻗은 길을 달려 나가게 되는 걸 경험했을 것이다.

우리 인생도 마찬가지이다. 인생이라는 이름의 자전거에 올라

타는 건 나 자신이다. 그래서 힘들더라도 나 스스로 자전거를 몰아야 한다. 누가 잡아 주지 않더라도 부족하면 부족한 대로 스스로 익히고 배우는 과정 안에서 나아가야 한다. 그래서 가는 길이라도 내내 평탄하면 좋을 텐데 안타깝게도 그렇지 않다. 우리는 돌부리에 걸려 넘어지고 다치게 되면 '내가 왜 자전거 타는 걸 시작했지? 운동 신경이 영 꽝인가 보네.'라고 생각하며 우울해하기도 한다.

나는 젊은 시절 오랫동안 내 자신을 하찮다고 여겼다. 뭐 하나 잘하는 것도 없고, 특별한 재주도 없는 '무색무취'한 사람이었다. 사제가 된 이후에도 마찬가지였다. 신자들이 우러러보는 훌륭한 사제가 되기를 간절히 바랐지만, 완벽해지려고 하면 할수록 부족하고 못난 내 모습만 선명히 보였다.

결국 그 빈틈을 메우려 하다가 감정의 밑바닥까지 떨어져 버렸고, 다시 일어설 기운조차 사라진 것 같은 나날을 보냈다. 그러던 어느 날, 생각지도 못한 곳에서 답을 찾게 되었다. 바로 심리 상담이었다. 심리 상담을 받으면서 사제라는 이름 뒤에 숨어 있던 진정한 '나'를 발견할 수 있게 되었다. 한없이 작고 여린 내 모습을 마주하자, 비로소 나를 사랑할 수 있게 되었다. 그러면서 자아라는 성을 다시 차곡차곡 쌓아 올렸다. 무너졌던 성을 보수하는 작업은 결코 쉽지 않았지만 말이다. 그리고 그날 이후 지금까지도 자아라는 성을 열심히 쌓고 있다.

상담을 받은 이후, 인생의 모토도 바뀌었다. 그전에는 '더 낮게, 더 적게' 라는 마음가짐으로 살았다. 하지만 자아 성장과 자아 강도가 무엇인지 알게 된 후로는 '더 높이, 더 많이' 로 바뀌게 된 것이다. 놀랍게도 생각지도 못한 기회들이 찾아왔고, 나 스스로 자존감도 높아졌을 뿐만 아니라 자신감도 회복되었다.

이 책의 제목을 보고 '내가 상담가도 아닌데, 어떻게 나 혼자서 마음을 치유하지?'라고 생각할 수도 있을 것이다. 그러나 내 마음의 주인은 바로 나라는 것을 기억하길 바란다. 상처받은 내 마음을 가장 잘 어루만져 줄 사람은 바로 나 자신이다.

다른 이가 건네는 위로가 필요한 순간도 분명 있다. 그럼에도 불구하고 내가 아니면 어루만질 수 없는 마음의 부분도 존재하기에, 이 책을 읽는 이들이 그런 마음을 들여다볼 수 있기를 바라며 제목을 지었다.

완벽하지 않고 부족한 내 모습도 보듬고 사랑해 주길 바란다. 그래야 흔들리는 풍파 속에서도 자신을 잃어버리지 않을 수 있을 테니 말이다.

차례

시작하는 글 ——— 004

제1장 | 지금은 마음을 바라보아야 할 때

나도 모르는 진짜 '나'를 찾아서 ——— 013
내 마음의 치료제 ——— 016
마음의 소리를 귀담아 들어 주세요 ——— 020
진정한 자유는 스스로를 놓아 준 순간부터 시작됩니다 ——— 024
내 마음은 얼마나 건강할까요? ——— 028
타인은 나의 거울 ——— 033
심리 치료와 영성생활 ——— 036

제2장 | 상처 입은 내 마음 들여다보기

어제보다 나은 오늘을 위해 ——— 041
모든 일에는 의미가 있다 ——— 044
즐거움과 의미 추구 ——— 048
지나간 것은 지나간 대로 ——— 052
진정한 나를 발견하는 여정 ——— 056
정해진 각본대로 사는 건 재미없잖아요 ——— 061
마음을 조금 더 유연하게 만들어 주세요 ——— 065

제3장 | 나도 모르는 내 마음, 왜 이런 걸까?

스스로를 깎아내리지 말고 안아 주세요 —— 071
때로는 미움도 약이 됩니다 —— 075
인생의 덫에서 빠져 나오세요 —— 079
마음의 불청객, 불안을 맞아들이기 —— 082
외로움도 통역이 되나요? —— 086
분노가 지닌 두 얼굴 —— 090
내 안의 어린아이에게 손 내밀기 —— 095
불행에 맞서는 힘을 기르세요 —— 099
지금 이대로도 괜찮아요 —— 103

제4장 | 혼자서도 마음을 치유할 수 있습니다

기대는 사람을 춤추게 하지요 —— 109
내 인생의 자전거에 오르세요 —— 113
진정한 변화의 시작은 지금부터 —— 116
먼 곳에서 행복을 찾으려 하지 마세요 —— 120
삶에는 등대가 필요합니다 —— 123
걱정만 한다고 해결되는 것은 없어요 —— 127
단호하게 선을 그어라 —— 131
쉬운 길로 가는 것이 꼭 좋은 것은 아닙니다 —— 135
누구보다 값지고 소중한 나 —— 139

제1장

지금은 마음을 바라보아야 할 때

나도 모르는 진짜 '나'를 찾아서

우리는 자신이 과연 어떤 사람일까 궁금해한다. 그래서 혈액형이나 별자리, 점, 사주 등으로 성격을 추측하고 그 결과를 믿기도 한다. 하지만 다양한 변수들이 존재하는 현대 사회에서 인간의 성격을 몇 가지로만 규정짓고 구별하면 오류가 생길 수밖에 없다.

심리학에서 사용하는 MBTI나 애니어그램 같은 성격 유형 검사 등도 조심스럽게 받아들여야 한다. 물론 이 검사들은 사람의 성향과 성격을 파악하는 데 도움을 준다. 하지만 나의 현재 모습

중 일부분만 알 수 있을 뿐 아주 정확하게 파악하기란 어렵다. 사람의 마음이란 참으로 예측하기 어려우며, 가끔은 상식적으로 믿기 어려운 움직임을 보이기 때문이다. 그만큼 변수가 많은 것이 사람이기에 쉽게 단정 지을 수 없는 것이다.

자기 자신을 온전히 아는 사람은 없다. 아무리 애를 쓴다고 해도 나 자신을 온전히 알기란 불가능하다. 인간의 마음은 역설적 면모가 있기 때문이다.

인간은 타인에게 칭찬받기를 원하고 조소받길 싫어한다. 하지만 동시에 자신을 조소하는 사람에게 끌리기도 한다. 그래서 사람의 마음 안에는 성인과 악인이 공존한다고도 말하는 것이다.

우리가 풍요로운 삶을 영위하기 위해서는 믿기 어려운 마음의 움직임을 이해할 필요가 있다. 진정한 나를 찾는 것은 아무것도 없는 상태에서 긴 여행을 떠나는 것과 같다. 어떻게 보면 미지의 세계로 걸어 들어가는 것이다.

누구보다도 가늠하기 힘든 것이 나 스스로의 마음이다. 이런 마음의 흐름을 차분히 따라가다 보면 비로소 나라는 사람이 어렴풋하게 보이기 시작한다. 하지만 이 여정 안에서 나의 이중적인 면모를 발견하게 되어도 지나치게 자책하지 말고, 흘러가는 대로 내버려 두어야 한다. 여기서는 무엇보다도 나 자신을 규정짓지 않는 것이 필요하기 때문이다. 이렇게 하다 보면 결국에는 나를 옭아맸던 속박으로부터 서서히 벗어나게 될 것이다.

──────────○ **내 마음을 바라보는 시간** ○──────────

내 마음 안에 이중적인 면모가 있는지 써 보자. 또한 다른 사람들이 내게 한 말 중 오래도록 잊히지 않는 것이 있는지 생각해 보자.

내 마음의 치료제

 심리 치료가 무엇이고, 치료를 받으면 다 낫는 건지 궁금해하는 이들이 많다. 또 심리 치료를 특별한 것으로 생각하기도 한다. 간단히 말하면 심리 치료는 성장 과정에서 생긴 상처를 대화로서 천천히 아물도록 하는 작업이다.

 하지만 이 치료가 모든 상처를 없애는 것에 중점을 두는 것은 아니다. 어떤 것은 묻을 수 있도록 하고, 또 어떤 것은 마음속에 지닌 채 살도록 해 주는 것에 가깝다. 그래서 다른 말로 '재활 치료'라고도 한다.

"새 삶을 얻도록 해 주겠다.", "부활한 삶을 살도록 해 주겠다."고 호언장담하는 이들이 있다. 나약한 모습에서 벗어나 새롭게 살 수 있도록 해 준다는 말은 무척이나 달콤하게 들린다. 그래서 사이비 종교에 빠지기도 하고, 더 큰 마음의 병을 얻는 경우도 생긴다.

심리 치료의 근본적인 목적은 일상을 원만히 잘 살도록 해 주는 것이다. 평범한 일상을 살도록 해 주는 게 무슨 심리 치료냐고 시큰둥하게 여길지도 모르지만, 우리가 그냥 흘려보내는 일상은 매일 반복되며 주어진다. 그렇기에 어떨 때는 마치 당연한 것처럼 느껴진다. 하지만 평범한 일상이 주는 소중함은 삶에서 큰 부분을 차지한다. 일상에서 벗어나면 정신적인 문제를 일으킬 가능성이 높아지며, 삶의 의욕도 떨어지고 무기력해진다.

모든 사람은 외부 상황이나 나 자신의 근본적 문제 등으로 방황하고 힘들어하는 시기를 조금씩은 경험한다. 하지만 이 시기를 오랫동안 겪은 이들은 그 아픔과 고통 때문에 몹시 지친 상태이기에, 평범한 일상을 갈망하면서도 되돌아가는 데에 어려움을 겪는다. 그래서 심한 경우에는 조현병에 이르며 자아가 깊고 깊은 수렁으로 빠져들기도 한다. 심리 치료는 바로 이런 사람들을 구

조한다.

심리 치료의 도움을 받게 되면, 일상생활의 회복을 도울 뿐 아니라 내 감정의 실체를 들여다볼 수 있는 연습이 된다. 대개 무기력증이나 우울증에 빠지는 이들은 자신이 왜 이런 상황에 처하게 되었는지 정확히 알지 못한다. 이럴 때 내 감정의 문제가 무엇인지 정확히 알게 되면 나락에서 빠져나오는 데 큰 도움이 된다.

따라서 나를 힘들게 하는 이 원인이 무엇인지, 현재의 마음 상태는 어떠한지 직시하는 것이 중요하다. 그러나 감정의 문제가 해결되지 않은 채 행동만 고치려고 하면 안 된다. 행동 역시도 감정의 일부분이기 때문이다.

우리 마음속에 아직 남아 있는 어린아이의 모습을 내재아라고 한다. 어린 시절의 아픈 기억이나 힘겨운 기억의 잔상이 아직 남아 있는 것이다. 뒤에서도 계속 언급하겠지만, 이 아이를 잘 보듬어 주고 대화하는 것이 중요하다. 그럴 때 비로소 깊은 수렁 속에 빠진 우리 영혼이 맑은 아이의 모습으로 차츰 변화될 것이다.

평소에 나를 불편하게 만드는 것이 무엇인지 곰곰이 묻고 들여다보면 자아는 더욱 건강해진다. 따라서 혼자 있는 시간을 갖는 것이 필요하다. 이러한 시간을 가지며 내 마음을 바라보는 것이 문제 해결을 위한 중요한 방향 전환이 되기 때문이다.

─────────────○ **내 마음을 바라보는 시간** ○─────────────

평소에 내가 불편하게 느꼈던 감정이나, 나를 고통스럽게 하는 문제의 원인이 무엇일지 생각해 본 적이 있는가?

마음의 소리를 귀담아 들어 주세요

요즘 사람들은 건강에 대해서는 관심이 많지만 정작 마음의 건강에는 신경을 덜 쓴다. 그렇지만 몸을 관리하듯 마음도 관리를 해 주는 것이 좋다. 사실 대부분의 사람들은 자신의 마음을 돌보는 것에는 무신경한데, 마음을 어떻게 돌봐야 할지 잘 모르기 때문일 것이다.

마음을 돌본다는 것은 자기감정, 자기 생각을 표현하고 이해하는 것이다. 물론 쉬운 일은 아니다. 우리는 내 감정이나 욕구대로 살지 않고, 다른 사람이 원하는 삶을 산다. 소위 역할극을 하는 것이다. 이러한 역할은 다른 사람이 원하는 삶이다. 물론 이것이 꼭 나쁘다는 것은 아니다. 어떻게 보면 사회는 수많은 사람들이 자기 역할을 충실히 수행함으로서 유지되고 움직이기 때문이다. 문제는 다른 사람이 나에게 원하는 역할에 집중하다 보면 내가 누군지를 모르게 된다는 데서 발생한다. 여기에 나를 억지로 맞추다 보면 나 자신의 삶, 행복과 불행도 이 역할에 따라 좌지우지 된다.

흔히 사제들에게 이런 경향이 잘 드러난다. '사제로서의 역할'에만 집중하다 보니, 신자들의 반응이 좋지 않으면 무기력해지는 것이다. 자신의 역할에만 신경 쓰다 보면 자기감정이나 욕구는 슬그머니 모습을 감추어 버린다. 다른 사람 입장에서야 나에게 잘 맞춰 주는 좋은 사람이라고 생각할지 모르지만, 정작 나 자신은 위축되고 무기력해질 뿐이다.

다른 사람에게 신경을 많이 쓰는 사람들은 자신의 마음 상태를 제대로 표현하지 못한다. '내가 화를 내면 저 사람이 나를 어떻게 볼까?'라는 생각이 지배하기 시작하면 우리 마음속은 병들기 시작한다.

특히 신앙인들은 주님도 참으셨으니까 나도 참아야 된다는 식의 생각을 가지는 경우가 많다. 이런 경우가 반복되면 쌓이고 쌓여서 언젠가는 터져 버리고 만다. 이처럼 인간의 몸과 마음에는 한계치가 있는데 이를 넘어서면 몸으로도 반응이 나타난다. 이때 머리가 아프거나 뒷목이 당기고, 말이 안 나오기도 한다.

나를 상담해 주신 신부님은 이렇게 물었다. "그것을 보면서 어떻게 느꼈습니까?", "그때 어떤 생각을 했습니까?"

그 신부님은 내게 사제로서 어떻게 살았는지 묻지 않았다. 그저 내 자신이 어떻게 느끼고 생각했는지 묻기만 했다. 이전에는 이렇게 묻는 사람이 없었다. 그러면서 그동안 나 스스로 내 생각이나 느낌을 말해 본 적이 없다는 것을 깨달았다.

우리는 흔히 예수님께서 온유하고 늘 양보하고 사랑하시는 분이었을 것이라 생각한다. 마태오 복음서의 성전 정화 사건은 그분의 성격을 잘 살펴볼 수 있는 부분이다. 예수님께서는 성전 안에 있던 환전상들의 탁자와 비둘기 장수들의 의자를 엎어 버리신다(마태 21,12 참조). 아버지의 집인 성전에서 물건을 사고파는 행위를 참으실 수 없었던 것이다.

이처럼 예수님께서는 불의와 타협하지 않으셨다. 분노를 거침없이 표현하셨으며, 당신 생각과 느낌에 아주 충실하신 분임을 엿볼 수 있다. 심리학을 공부한 후에 복음서를 다시 읽으니 예수님께서 참으로 자유로우신 분임을 깨달을 수 있었다.

그러니 예수님을 닮으려는 우리 신자들도 자유로워져야 하며, 자기감정과 생각을 있는 그대로 표현할 수 있어야 한다. 그렇게 마음이 건강해져야 비로소 주님처럼 살 수 있게 된다.

──────────○ **내 마음을 바라보는 시간** ○──────────

나는 나의 삶을 선택하며 살고 있는가? 아니면 다른 사람들이 바라는 역할에 맞추며 살고 있는가?

진정한 자유는 스스로를 놓아준 순간부터 시작됩니다

　성소를 꿈꾸던 시절, 나는 모두가 입을 모아 칭송하는 훌륭한 사제가 되고 싶었다. 또한 모든 것을 포용하며 화를 내지 않는 사람이 되려고 했다. 훌륭한 사제란 인격적으로 완벽한 사람이라고 생각했기 때문이다. 어느 종교나 완벽한 인격체에 대해서 이야기한다. 하지만 이런 완벽함을 추구하는 것은 문제가 되는 경우가 많다.

　나 역시도 완벽한 인격을 추구했다. 그렇다 보니 젊은 시절에 늘 죄책감에 시달렸다. 내 행동이 조금만 어긋나도 스스로를 심하게 자책했고, 밤마다 지옥에 빠지는 꿈을 꾸기도 했다. 그래도 이렇게 사는 것이 성인이 되는 길이라 믿었다. 오히려 신앙생활을 하다 보면 당연히 일어나는 과정이라고만 여겼다.

하지만 이러한 상태가 계속되자 견디기 어려울 정도로 힘들었고, 몸무게도 급속히 줄었다. 그러다 결국 냉담을 하게 되었다. '내가 아무리 열심히 살아도 죄를 지으면 어차피 지옥에 가는 거 아닌가? 뭐 하러 이렇게 힘들게 살아야 하는 거지?'라는 생각이 들었기 때문이다. 그런데 어느 순간부터 스스로를 학대하며 괴롭히지 않기로 결심하자, 놀랍게도 몸이 점점 회복되기 시작했다. 나를 괴롭히는 것을 멈춘 순간부터 자유로워진 것이다.

내 마음을 돌보려 할 때 가장 먼저 가져야 할 자세는 완벽해지려고 해서는 안 된다는 것이다. 완벽해지려고 스스로를 억압하다 보면 마음은 전혀 치유되지 않는다. 완벽해지려고 하면 할수록 약하고 부족한 자기 모습만 선명히 보일 뿐이다.

우리 인생은 마음이 만드는 파도에 따라 항해하는 쪽배와 비슷하다. 잔잔할 때도 있고, 적당히 출렁거릴 때도 있으며, 큰 파도와 만날 때도 있다. 그러니 항상 잔잔할 수는 없는 것이다. 다만 파도가 너무 심해지는 것은 피해야 한다. 파도가 너무 심해져

쪽배가 뒤집어지면 정신적으로 무너지게 된다. 이 마음의 파도는 바로 나 자신이 만든 것이다. 심리학에서는 있는 그대로의 나 자신을 받아들이는 것이 중요하다고 말한다.

예수님께서는 모든 사람들을 있는 그대로 받아 주셨고, 조건 없이 치유해 주셨다. 그러면서 사람들의 마음을 치유해 주고 이해해 주신 분이다. 심리 치료와 상담은 예수님의 이런 모습과 비슷한 면이 있다. 아프고 연약한 이들의 마음을 어루만져 주셨던 그분의 모습을 떠올리며 내 마음속 파도를 가만히 바라보자.

많은 이들이 파도를 없애려는 데에 급급할 뿐, 파도가 일렁이는 원인이 무엇일지는 생각해 보지 않는다. 마음을 들여다보는 것부터 시작하면 내가 누구이고, 진짜로 원하는 게 무엇인지 알게 된다. 그리고 이렇게 하다 보면 어느 순간 파도에 흔들리지 않고 나아가는 자기 자신을 발견하게 될 것이다.

그런 의미에서 '어느 영성가의 기도'라는 짤막한 기도문을 소개하고 싶다. 이 기도문은 부족하고 나약한 내 자신의 모습을 있는 그대로 받아들일 수 있도록 돕는다. 또한 나약함이 결코 부끄러운 허물이 아니라 오히려 성장할 수 있는 발판이 된다고 알려 준다.

그러니 나약하고 부족한 내 모습 때문에 유독 힘들고 괴로운 날, 고요 속에 머물러 이 기도를 드려 보면 어떨까. 분명 어둠 속에서도 한 줄기 빛을 찾을 수 있도록 이끌어 줄 것이다.

주님, 제가 하찮은 인간임을 깨닫게 해 주시어 감사합니다.
저는 때때로 아름다운 여인을 보고 마음이 흔들립니다.
그리하여 아직도 갈 길이 멀었다는 것을
깨닫게 해 주시어 감사합니다.
저는 때때로 재물에 마음이 흔들리기도 합니다.
그리하여 제가 속물임을 깨닫게 해 주시어 감사합니다.
저는 때때로 누군가를 미워하고 저주하기도 합니다.
그리하여 아직도 제 그릇이 크지 못함을 깨닫게
해 주시어 감사합니다.

──────○ **내 마음을 바라보는 시간** ○──────

나는 내 삶을 스스로 살고 있는가, 아니면 다른 사람이 원하는 삶을 사는가? 조용한 시간에 자기 이름을 나이만큼 천천히 불러 보자.

내 마음은 얼마나 건강할까요?

몸이 아플 때는 잠시 휴식을 취하면서 병을 이겨 낼 수 있다. 하지만 심각한 병인 경우에는 병원에 가야 낫는다. 마음도 마찬가지이다. 마음의 아픈 정도를 고려해서 스스로 해결할 수 있는 문제인지 따로 상담을 받아야 하는 문제인지 체크해 보는 것이 좋다.

다음은 자신의 심리 상태를 스스로 진단할 수 있는 항목이다. 이 가운데 10개 이상 해당한다면 상담을 받는 것이 좋다.

1. 이유 없이 복부가 아프거나 목이 자주 결리거나, 안면이 자꾸 미세하게 떨린다. 위궤양에 시달리거나 턱 관절이 이유 없이 아프다.

2. 평소보다 잠이 많아져서 할 일을 못하는 경우가 있다.

3. 마지못해 하는 일이 많아졌다.

4. 다른 사람을 배려하기보다 일을 성공하는 데 먼저 신경 쓴다.

5. 행동이 굼떠서 주위 사람들에게 답답하다는 말을 듣는다.

6. 해야 할 일을 제시간에 하지 못하는 경우가 많다.

7. 다른 사람이 부탁할 때 이를 잘 들어주지 않는다.

8. 남을 비판하는 유머를 즐긴다.

9. 빈정거리는 말투나 냉소적인 태도 때문에 지적받은 적이 있다.

10. 자주 한숨을 쉰다.

11. 예의를 차리는 일이 부자연스럽게 느껴진다.

12. 기분은 그렇지 않은데 지나치게 쾌활한 척할 때가 있다.

13. 잠을 못 자거나 악몽을 자주 꾼다.

14. 의욕이 없고 우울하다.

15. 사소한 일인데도 과도하게 짜증이 난다.

반면 심리적으로 건강한 사람은 다음과 같은 경향을 보인다.

1. 호기심이 많다. 처음에는 자기 자신에만 관심을 갖지만, 점차 추상적 가치나 이념에도 관심을 갖는다. 그리고 어떠한 상황에든 온전히 참여한다.
2. 어느 자리에서든 적응이 빠르다. 불편한 상황을 받아들일 줄 알기 때문이다.
3. 고통, 정욕, 공포, 좌절을 다룰 줄 안다.
4. 자신의 약함을 알고 있기에 스스로를 인정하고, 다른 사람들의 행동에도 아량을 보인다.

심리적으로 건강한 이들은 자신의 인간적인 면을 그대로 받아들인다. 그러기에 사회 안의 작은 갈등 속에서도 더불어 살 수 있으며, 최선을 다해 진정한 자신을 찾으려고 한다.

심리적으로 건강하지 못한 사람은 대체로 지시받은 대로 행동하고 결정한다. 타인의 시선을 늘 신경쓰고 거기에서 벗어나지 못하므로 스스로 무언가를 선택하는 데 어려움을 겪는다.

이런 사람들에게는 자유롭게 선택할 기회를 주어도 행동으로는 옮기지 못한다. 삶의 열쇠를 쥐고 있지 않으므로 새로운 문을 열고 나가는 것을 두려워하기 때문이다. 그러니 당연히 선택도

제한적일 수밖에 없고, 미래에 대한 시야도 자연스레 좁아진다.

또한 이들은 있는 그대로의 자신을 받아들이길 어려워한다. 그래서 자신의 행동과 사고, 감정의 불쾌함을 변명하는 경향이 있다. 물론 대부분의 사람들은 삶의 어두운 측면을 마주하는 것을 피하고자 한다. 그러나 이를 인정하지 못하고 이른바 '방어'를 사용한다면 심리적으로 건강하지 못한 행동이다. 방어는 나 자신이 완벽하지 않고 나약하다는 것을 깨달았을 때, 혹은 삶이 공평하지 않는다는 걸 인정할 때 나오는 반응이다. 이런 반응은 무의식 중에 습관이 되어 버린다. 특히 이러한 방어가 습관이 되면 마음에 건강하지 못한 부분이 점차 늘어간다.

이렇게 나 스스로 심리적으로 불안정하고, 건강하지 못한 것 같다고 생각되는 이들에게 도움이 되는 처방이 있다. 바로 의미 있는 활동을 해 보는 것이다. 봉사 활동도 좋고, 심리적으로 가장 안정될 수 있는 취미를 찾아서 몰입해 보는 것도 좋다. 가치 있다고 생각하는 일에 몰입하면 자존감이 커진다.

또한 어떠한 경험이든 기분 좋게 받아들이는 훈련을 해야 한다. 그리고 자신이 한 경험을 새롭게 바라보고 분석해야 한다. 이런 훈련들은 우물 안 개구리처럼 행동하는 것을 멈추도록 도와 준다.

　편식하지 않는 아이들이 건강하듯, 어떤 사람들이든 잘 만나고 잘 어울리는 아이들이 건강하다. 그러므로 스스로를 점검하는 시간이 필요하다. 내가 미워하는 사람과 좋아하는 사람은 얼마나 되는지 생각해 보자. 또한 미워하는 사람의 이름을 부르며 그 사람과 대화하는 시간을 가지는 것도 좋다. 그러면 나를 둘러싸고 있던 무거운 안개가 걷히며 가려져 있던 지평선이 보일 것이다.

──────────○　**내 마음을 바라보는 시간**　○──────────

앞서 나온 심리 상태 항목을 살펴보자. 나는 어디에 해당하는가?

타인은 나의 거울

    내가 현재 잘 살고 있는지, 그렇지 않은지는 어떻게 알 수 있을까? 지금 바로 알 수 있는 좋은 방법이 있다. 내가 타인에게 어떤 존재인지 떠올려 보면 된다.

    놀러 갈 때나, 밥 먹으러 갈 때 사람들이 나를 초대해 주는지 곰곰이 생각해 보자. 그리고 내 주변에 있는 사람들을 떠올려 보자. 기도와 봉사도 열심히 하는 데 다른 사람들이 나를 멀리하는지 모르겠다고 느낀다면, 스스로에게 문제가 있음을 깨달아야 한다. 또한 타인이 나를 불친절하게 대한다거나 무시하는 것 같은 생각이 들면 그 원인을 자기 자신에게서 찾는 것이 옳다. 열등감이나 자기 연민에 빠져서 항상 힘들다고 말하거나, 생색을 내는 사람 옆에는 사람들이 모이지 않기 때문이다.

사제들도 비슷한 일을 겪는다. 어떤 신부님 곁에는 어린아이들이 늘 곁에서 놀고, 신자들도 신부님에 대해 이야기하며 즐거워한다. 하지만 마주치기만 해도 신자들이 슬슬 피해 다니는 신부님들도 있다. 아무리 성실하고 반듯하게 살지라도 사람들이 나를 멀리하면 어딘가 문제가 있다는 것을 직시해야 한다.

가족들이 나를 어떻게 생각하는지도 중요하다. 가족은 타인이 알지 못하는 내 모습을 세세히 파악하고 있는 이들이다. 그럼에도 가족이 나를 인정해 주지 않는다면 어디서부터 문제가 생긴 걸까 깊이 성찰해 보아야 한다.

사회 심리학자 패터슨은 정상적인 사람인 경우 의미 있는 관계를 맺는 사람의 수가 20~30명 정도라고 말한다. 반면에 정신적으로 건강하지 않은 경우에는 10~12명 정도, 더 나아가 정신적인 문제가 심각한 경우에는 4명 이하로 줄어든다고 한다.

이렇게 다른 사람들과의 관계를 살펴보면 내가 어떤 사람인지 알 수가 있다. 일상에서는 내게 충고를 하거나 쓴 소리를 솔직하게 해 주는 사람을 만나기 쉽지 않다. 나 살기도 바쁜데, 남의 인생에 참견하기 싫어하는 마음 때문이다. 그렇기에 스스로 자신을 돌아봐야 하는 것이다.

내 삶을 하나씩 되짚으며, 그동안 다른 이에게 상처를 준 적은 없는지 생각해 보는 작업이 필요하다. 타인에게 분노했던 것이 결국은 내면의 밑에 자리했던 고질적인 문제일 수도 있다.

이것이 바로 자기 성찰이자 자기 탐색이다. 나 자신의 문제에 적극적으로 개입할수록 실체 없는 두려움은 줄어든다. 이런 주인의식이 있을 때 비로소 변화의 가능성이 나타나기 시작한다.

———————◦ 내 마음을 바라보는 시간 ◦———————

내가 생각하는 나의 문제는 무엇인가? 내 문제에 대해 다른 사람들은 어떻게 생각하는가? 진지하게 생각해 보자.

심리 치료와 영성생활

　심리 치료와 영성생활에는 약간의 차이가 있는데, 이로 인해 오해가 생기기도 한다. 보통 영성론은 완덕을 실천하며 인간을 정화하는 삶을 말한다. 그러기에 심리적으로 건강한 사람을 대상으로 한다. 반면 심리 치료는 마음의 병을 가진 사람들을 회복해주고 재활할 수 있도록 돕는다.

　이렇게 대상이 다르니 당연히 처방도 다를 수밖에 없다. 하지만 일부 신학자들은 심리 치료에 거부감을 느끼기도 한다. 그 이유 중 하나는 심리 치료에서 강조하는 자존감이 교만을 불러 온다는 것이다. 물론 마음이 건강한 사람이라면 이는 어느 정도 맞는 이야기이다. 그러나 자존감을 북돋아 줘야 하는 대상이 있다.

마음이 약한 사람들은 대개 자존감이 낮은 편이다. 어린 시절에 부모로부터 제대로 돌봄을 받지 못했거나, 상처가 많은 사람일수록 자존감을 높이는 것이 중요하다. 가장 좋은 방법 중 하나는 내가 누군가로부터 사랑받는 존재라는 것을 인식하는 것이다.

신앙인들은 주님께서 나를 사랑하시고 보살펴 주신다는 믿음이 있다. 물론 때로는 하느님의 존재에 대해 의문을 가지기도 하지만, 기본적으로는 그분께 사랑받고 있다는 믿음이 있다. 이 믿음의 놀라운 점은 부모에게 받은 상처를 어느 정도 치유해 줄 수 있다는 것이다. 이처럼 사람은 자존감의 높고 낮음에 따라 삶을 대하는 태도가 달라진다는 것을 유념해야 한다.

내 마음속에 상처가 많다면 가장 낮은 단계의 신앙생활을 하는 것이 좋다. 이 낮은 단계의 삶은 마치 어린아이가 되는 것과 비슷하다. 부모님께 청하듯 하느님께 간절히 기도드리고, 충분한 사랑을 받도록 노력해 보는 것이다.

만약 가장 낮은 단계의 신앙생활을 해야 하는 사람이 마치 수도자처럼 스스로를 비우는 작업에 몰두하면 금방 지칠 것이다.

몸이 약한 사람이 암벽 등반을 하면 몹시 힘겨워하는 것처럼 말이다. 하지만 산 정상에 오르기 위해 반드시 암벽 등반을 해야 하는 것은 아니다. 등산로를 따라 천천히 올라가도 괜찮고, 몇 번이라도 쉬어도 좋다. 올라가다가 숨이 차면 주변의 경치도 보고, 물도 한잔 마시는 여유가 필요하다.

그래야 조금 늦더라도 정상에 오를 수 있다. 설령 정상에 오르지 못해도 상관없다. 산에 머무는 시간 자체가 행복했다면 그것만으로도 의미 있는 일이니 말이다. 이처럼 나에게 딱 맞는 신앙생활을 하는 것이 중요하다.

───────○ 내 마음을 바라보는 시간 ○───────

나에게 맞는 신앙생활은 무엇일지 생각해 보자.

제2장

상처 입은 내 마음 들여다보기

어제보다 나은 오늘을 위해

사람들은 현재의 삶에 만족하기보다는 아직 닥치지 않은 미래의 일을 염려하는 경향이 있다. 하지만 사실 이 두려움에는 실체가 없다. 아직 일어나지 않은 일이기 때문이다.

내일의 행복을 위해 현재를 희생하면 우리 인생은 마치 쳇바퀴 돌듯이 돌아갈 뿐이다. 그래서 현재의 순간은 의미 없이 흘려보내게 된다. 이는 걱정하던 미래가 현재로 도래했을 때도 반복된다. 그러니 아직 오지 않은 미래에 대해서 더 이상 마음을 쓰지 않는 것이 좋다. 미래를 미리 걱정하는 이런 태도는 현재를 기피하기 위한 방법이 되어 버릴지도 모른다.

영성 심리에서는 인간은 긴장과 이완, 일과 휴식, 기쁨과 슬픔 등의 리듬 속에서 산다고 말한다. 이는 삶의 자연스러운 흐름이기도 하다. 따라서 리듬 있는 삶이란 혼돈과 당황, 때로는 부끄러운 실패까지도 포함하는 변화의 과정을 받아들이는 것이다.

이 리듬이 차단된 이들은 현재의 삶이 주는 기쁨을 오롯이 음미하지 못한다. 과거의 아픔을 또다시 겪을 수도 있다는 본능적인 공포감 때문이다. 그러기에 과거를 보상하기 위해서 현실을 직면하지 못하고 과도한 업무에 몰두하며, 몰려드는 피곤함도 부정한다. 이와 같은 현재 기피증은 미래를 이상화하는 것으로 이어지기도 한다. 그래서 미래가 현재가 되었을 때, 기대했던 것만큼 못 미친다면 실망하게 된다.

'오늘 뭐 하실 거예요?'라는 이름의 공익 광고를 시청한 적이 있다. 광고 속 시민들에게 "오늘 뭐 하실 거예요?"라고 묻자 다소 시큰둥한 대답이 돌아온다. "그냥 뭐 똑같아요. 별 거 없어요." 그런데 "10년 전으로 돌아가면 뭐 하실 거예요?"라고 묻자 의외의 답변들이 나온다. "카페를 차리고 싶어요.", "소설을 써 보고 싶어요.", "친구들과 애플리케이션을 만들어 보려고요. 대박 한 번

내야죠." 이 광고의 마지막 카피는 "오늘은 늦지 않았다."였다. 지나간 과거는 되돌아오지 않지만, 내가 갈망하는 일을 지금도 해 낼 수 있다고 말해 주는 점이 무척이나 인상적이었다.

물론 우리가 살고 있는 현실이 마냥 따뜻하지는 않다. 하지만 차가운 현실 때문에 희망조차 품지 말아야 하는 것은 아니다. 가장 중요한 것은 "지금 이 순간을 어떻게 살아 낼 것인가."이다.

잠시 멈추어 서서 미해결 과제를 완결시키면 마음이 좀 더 편안해진다. 그리고 현재의 순간을 기쁘게 맞아들일 수 있게 될 것이다. 너무 먼 과거, 너무 먼 미래는 잠시 뒤로하고 어제보다 나은 오늘에 집중하면 마음의 짐이 훨씬 가벼워진다.

─────── ○ 내 마음을 바라보는 시간 ○ ───────

10년 뒤의 내 모습을 상상해 본 적이 있는가? 현재 꿈꾸는 나의 모습과 미래의 모습이 일치하는가?

모든 일에는 의미가 있다

로고 테라피 이론의 창시자 빅터 프랭클은 '의미 치료'라는 기법을 매우 중요하게 생각했다. 이 치료법은 '크나큰 고통 안에서도 삶의 의미를 찾을 수 있다면 이겨 낼 수 있다.'라는 관점이다. 또한 심리적 장애나 문제의 발생에는 틀림없이 무언가 의미가 있을 것이라 본다. 이 관점은 내가 가진 문제가 인생의 흐름 가운데 필요하기에 일어난 것이며, 나름대로의 의미와 목적이 있을 거라고 보는 것이다. 그러면서 고난을 받아들이는 태도에 따라 이 고통을 극복할 수 있다고 말한다.

우리 인생에 일어난 일들은 무엇이든 의미를 지니고 있다. 그 의미를 찾는 일은 고통스럽지만 마음의 건강을 가져다준다. 무엇보다도 중요한 것은 이 일들이 과연 어떤 메시지를 전달하려 하는 것인가를 찾는 것이다. 그러므로 문제가 생긴 원인에 대해서는 생각하지 않는 게 좋다. "왜 내게만 이런 일이 벌어지지?"라는 의문을 가지게 되면 자꾸 그 문제에만 골몰하여 앞으로 나가질 못하기 때문이다.

우리는 수많은 인생의 계절을 거치며 크고 작은 사건들을 겪는다. 이 사건들에서 얻을 수 있는 메시지가 무엇인지 찾는 작업은 인생을 자발적으로 살아가려는 태도를 가지게 해 준다. 의미가 부여되면 헤쳐 나갈 의지도 같이 얻게 된다.

사람은 삶의 몇몇 고비를 거치며 성숙해지는 시기를 거친다. 한 인간의 내적인 힘은 역경을 만났을 때 이에 대처하는 방식에 따라 달라진다. 그러기에 아무리 힘들고 고통스러운 시간 안에서도 분명히 이 상황을 바꿀 힘이 존재한다. 크고 작은 즐거움에 감사하고, 자신의 일에서 목적의식을 찾을 수 있다면 삶은 더욱 풍요로워진다.

이처럼 삶이 주는 아픔까지도 껴안고 그 안에서 의미를 찾게 될 때에 비로소 진정한 의미와 즐거움의 원천을 찾을 수 있다. 즉 의미를 찾는 작업은 내적으로 건강할 때 비로소 그 영향력을 발휘한다. 마음이 건강하지 못할 때는 이 의미가 자칫 왜곡될 수 있기 때문이다.

사람은 삶의 중요한 순간이나, 내게 영향을 미치는 뜻밖의 현상을 이성적으로 설명하고자 한다. 이것은 우리를 둘러싼 세상을 의식적으로 정리하고픈 욕망에서 비롯된 것이다.

또한 자신이 믿고 보고자 한 바대로 결론을 지으려는 성향 때문에, 반증이 있을 때도 오히려 그 증거를 비판한다. 게다가 이런 믿음에 확신을 더해 주는 정보나 사건은 더욱 또렷이 기억되기 마련이다. 그러기에 어떤 사건에 과하게 의미를 부여하며 '이것이 하느님의 뜻이다.'라고 생각하는 것도 조심스럽게 접근해야 할 문제이다. 그러다 보면 잘못된 방향으로 의미 부여가 되어서 더 안 좋은 결과를 초래하게 된다.

빅터 프랭클은 "사람은 어떠한 최악의 조건에서도 삶의 '의미'를 찾을 수 있다."라고 말했다. 분명 우리에게는 삶의 진정한 의미를 선택할 자유가 있으며, 부정적 생각의 포로가 되지 않을 권리도 있다.

앞에서 말했듯 삶의 행복을 찾는 열쇠는 나 스스로가 쥐고 있음을 늘 염두해야 한다. 따라서 삶을 대하는 근본적인 태도를 바꿀 때 비로소 진정한 '의미'가 발견된다.

―――――――――○ 내 마음을 바라보는 시간 ○―――――――――

내 인생에서 있었던 사건 중 가장 기억에 남는 것은 무엇인가? 그 사건의 의미에 대해 생각해 본 적이 있는가?

즐거움과 의미 추구

 심리학자 프로이트는 "사람은 기본적으로 즐거움을 추구하고자 하는 본능적인 욕구에 의해서 움직인다."라고 말했다. 인간은 근본적으로 즐거움을 추구한다는 말이다. 그래서 프로이트는 '쾌락 원칙'이라는 말을 썼다.

 그런데 아우슈비츠 수용소를 체험했던 심리학자 빅터 프랭클은 다른 주장을 한다. "의미를 추구하려는 의지에 따라서 움직여야 그것이 인간의 삶이다. 인간에게 실제로 필요한 것은 긴장이 없는 상태가 아니라 자신에게 가치가 있는 목표를 위해서 노력하고 투쟁하는 상태"이며 "인간에게 필요한 것은 어떻게든 긴장에서 벗어나는 것이 아니라 그 자신이 실현할 수 있는 잠재적 의미를 갖는 것, 그것이 인생이다."라고 말했다. 인간을 동물적 존재가 아닌 보다 차원 높은 영장류로 이해한 것이다.

자신의 일에서 진정한 의미를 발견하면 어떤 일이든 즐겁게 해낼 수 있게 된다. 이처럼 즐거움과 의미는 함께한다. 무명 가수들은 자신의 노래를 돈을 주고 듣고 싶다는 이야기를 들을 때 최고로 행복하다고 한다. 이 행복은 자신이 하는 일이 다른 사람들에게 도움을 주고 있다는 자부심에서 온다.

이런 태도는 삶에 진정한 의미를 부여해 줄 뿐만 아니라, 공동체에 기여하는 삶을 살도록 이끌어 준다. 참부자란 바로 이런 삶을 사는 사람들을 일컫는 말이다.

삶의 의미를 발견하려면 내적인 건강함이 필요하다. 이 내적 건강은 우리 마음 안의 건강한 부분을 찾아 성장하도록 한다. 그래서 일본의 가와무라 노리유키라는 의사는 "사람의 마음은 오슬로 게임판과 같다. 검은 알이 압도적으로 많아도 흰 알 몇 개만 있으면 판세를 바꿀 수 있다."라고 말했다.

사람의 마음 어딘가 한 군데라도 밝은 조짐이 있으면 회복할 수 있다는 의미이다. 그래서 마음의 상처가 많을수록 마음속 흰 알을 찾아내는 노력을 할 필요가 있다.

그런데 의미 있는 삶을 살려면 게을러지지 않도록 스스로를 단련하고 채찍질해야 한다고 주장하는 사람들이 있다. 하지만 건강하지 않은 상태에서 억지로 "할 수 있어. 열심히 해야지!"하고 다짐하는 것은 채찍질에 불과하다. 이는 자칫 부정적 결과를 초래한다. 이 사람들의 말을 들으면 '혹시 자신을 말이나 소처럼 생각하는 게 아닐까?'라는 의구심이 든다. 인간의 마음 안에는 스스로를 파괴하고자 하는 뒤틀린 욕망이 있는데 이를 자기 절제로 미화하는 것은 오히려 상황을 악화시킬 뿐이다.

무턱대고 열심히 하기만 하는 사람들은 스스로를 자책하는 일이 많다. 무엇이든 완벽하게 해 내고, 거기서 실수가 생기면 자신을 심하게 꾸짖는다. 이런 사람들은 나 자신이 이 세상에 존재하는 것만으로도 가치 있다는 것을 깨달아야 한다.

우리는 여러 가지 방법으로 고통에서 벗어나려고 애를 쓴다. 원인을 찾으면 고통에서 빨리 벗어날 수 있다고 믿는 것이다. 그러한 사람들 가운데는 외부에서 원인을 찾는 경우가 많다. 내부에서 원인을 찾는 것보다 외부에서 찾는 것이 더 쉽다고 생각하기 때문이다.

하지만 고통의 진짜 원인은 나 자신과의 관계에서 찾아야 한다. 내 마음속에 자리 잡은 문제도 무조건 거부하는 것이 아니라 수용하는 자세가 필요하다. 그리고 그 상태에서 최선을 도모하며 살아가는 것이 건강하게 사는 방법이다.

문제를 회피하거나 도망가는 것은 도움이 되지 않는다. 그리고 이를 게으르다고 비난하면 안 된다. 내 마음속 문제는 항상 안고 가야 할 또 다른 동반자이기 때문이다. 그래서 주님께서는 자기 십자가를 지고 당신을 따르라고 하신 것이다.

──────── ○ 내 마음을 바라보는 시간 ○ ────────

나는 나 자신을 어떻게 대하는가? 특히 내 삶이 마음에 들지 않을 때 어떻게 대응하는가?

지나간 것은 지나간 대로

살다 보면 실패와 좌절을 겪지 않을 수 없다. 언제나 승승장구하는 인생은 소설 속에서나 가능한 이야기이다. 그럼에도 지나간 과거에 매달려 사는 사람들이 의외로 많다. 이런 사람들은 과거의 자신을 질책하며 죄책감에 사로잡혀 있다. 남들이 보기에 성공한 인생을 사는 것 같아도, 과거의 실패에서 벗어나지 못해 스스로를 나락에 떨어뜨리는 경우도 종종 본다.

과거는 단순한 경험일 뿐, 돌이킬 수 없는 지나간 시간이다. 과거는 경험이자 시행착오의 연속이다. 그리고 그 시행착오가 지금의 나를 만든 것이다. 사람은 기억으로 사는 존재라고도 한다. 지금 이 시간도 잠시 뒤에는 과거가 되어 버린다. 문제는 기억이 과거로 사라지는 것이 아니라, 내 마음속에서 여전히 살아 있다는 것이다. 이 기억은 인간의 삶의 선택의 기로에서 끊임없이 간섭하며 요구한다. 그래서 사람은 쉽사리 자신이 살아온 흐름에서 벗어나기 어렵다. 따라서 좋은 기억은 감사함으로 담아 두고, 안 좋은 기억은 그 의미가 무엇인지 새길 필요가 있다. 과거가 지금의 나에게 영양제가 될 수 있다는 말이다.

계속 과거를 부정한다면 이는 현재의 나 자신을 부정하는 것과 같기에 삶이 피폐해진다. 지나치게 성실한 사람들이 과거에 대해 후회를 많이 하는데, 모든 일에서든 완벽을 추구하다 보면 자기도 모르게 그렇게 된다. 마음에 부담이 생기니 자연스레 지나간 과거를 후회하게 되는 것이다. 하지만 아무리 완벽을 추구해도 흠 없이 완벽한 결과는 없다.

심리학자 프로이트는 다음과 같이 말했다. "애도는 사랑하는 사람이나 추상적인 대상과 같이 외적 대상을 상실했을 때 나오는 반응이다. 이에 반해 우울은 외적 대상을 상실했을 때보다 내적 대상을 상실했을 때 나타난다. 야망이 좌절되었거나 자긍심을 유지하는 데 핵심적 지위를 잃었을 때 나타나는 현상이다. 자신의 이상과 실제 자신의 모습이 일치하지 않을 때 우리는 몹시 괴로워한다. 이런 경우 보통은 이렇게 되지 못하도록 하는 근원에 대해 공격성을 보이는데, 마음이 건강하지 못한 경우에는 이러한 상실 자체를 부정하게 된다. 오래 가지는 못하지만 당장의 괴로움은 모면할 수 있는 방법이기도 하다. 그런데 이렇게 해서 자신이 원하는 대로 회복되지 않고, 고통을 극복하지 못한다면 무기력해지거나 신체적인 질환이 나타나기도 한다."

즉, 과거를 부정하면 심리적인 문제가 생길 가능성이 높다는 이야기이다. 과거에 매달리는 사람들은 과거는 지금의 나를 만든 시간이라고 생각하며 훌훌 털어 버리며 수용해 나가는 훈련이 필요하다.

테이야르 드 샤르댕 신부는 "인간은 그리스도로 향해서 진화하는 존재"라고 했다. 이처럼 과거를 경험으로 받아들이고, 진화의 길을 가는 것이 바람직하다. 이것이 방향 전환이란 의미의 '회개'라 할 수 있다.

과거의 일들 중 잊지 못한 기억이 있다면 그것을 어떻게 바라보고 있는지 생각해 보자. 이런 작업은 진정으로 과거를 받아들일 수 있도록 하는 동시에, 앞으로 나의 성장을 위한 발판으로 삼는 밑 작업이 될 것이다.

―――――◦ **내 마음을 바라보는 시간** ◦―――――

지나간 과거에 대한 현재 나의 느낌은 어떤가? 나는 이 과거를 어떻게 하고 싶은가?

진정한 나를 발견하는 여정

 신앙생활과 심리 치료에서 중요한 것은 바로 '통찰'이다. 신앙생활에서의 성숙함이나 심리적 치유는 자기 발견과 자기 이해로 얻어진다. 이렇게 자기 자신을 진정으로 바라보게 되었을 때를 '통찰을 얻었다'고 한다. 그때 나오는 감탄사가 바로 "아하!"인데, 이 말은 알고 있던 것 그 이상을 보았을 때 나오는 탄성이다.

 통찰을 얻게 되면 불과 몇 초 사이에 지금까지 살아온 인생이 마치 파노라마처럼 스쳐 지나가는 경험을 하게 된다. 이를 '의미 있는 순간'이라고 한다.

통찰에는 두 가지 차원이 있다. 바로 지적인 통찰과 정서적 통찰이다. 지적인 통찰은 머리로 이해하는 것을 말한다. 그런데 이러한 통찰은 큰 변화를 이끌어 내지 못한다. 반면 정서적 통찰은 "아, 그렇구나!"라는 깨달음을 얻게 되었을 때, 자연스레 정서적 반응이 따라오는 것을 말한다. 이러한 정서적 통찰은 삶을 변화시키고 나 자신을 바꾼다. 자아가 건강하고 어릴 때 받은 상처가 비교적 적은 사람들은 정서적 통찰을 얻는 것이 어렵지 않다. 하지만 설사 그렇지 않은 사람이라고 해도 노력한다면 정서적 통찰을 얻을 수 있다.

어떤 사람들은 단번에 통찰을 얻었다고 자만하곤 한다. 그러나 통찰은 한 번으로 끝나서는 안 된다. 사람의 마음에는 변화의 욕구와, 지금 현 상황을 유지하고자 하는 욕구가 공존한다. 이 두 가지 욕구 중, 변화보다는 과거로 회귀하려는 열망이 강하다. 그러므로 계속 통찰을 얻을 수 있도록 노력해야만 우리 삶을 바꿀 수 있다.

게다가 통찰로 얻은 것을 생활에 적용시키는 데에는 참으로 많은 시간과 노력이 필요하다. 그러니 다소 더디더라도 어려움을 견디는 인내심이 필요하다. 또한 다시 똑같은 상황에 놓였을 때 과거와 같은 실수를 하지 않으려면 잘못된 원인을 정확히 알고 있어야 한다. 잘못된 원인을 명확히 알고 있다면 거리를 두는 것이 가능해진다. '아, 내가 지난번과 똑같은 행동을 하고 있구나.'라는 생각만으로도 그 상황에 대한 주도권을 갖게 된다는 것이다. 이것이 통찰이 주는 가장 큰 힘이다.

통찰을 얻기 위해서는 참자아를 찾는 훈련이 필요하다. 참자아를 찾게 되면 사람은 용감해진다. 힘든 일에도 거침없이 도전하고, 타인의 시선도 더 이상 신경 쓰지 않는다. 때때로 삶의 어느 순간, "이렇게 살다가 내 인생을 끝낼 수 없어."라는 마음의 소리가 들린 적이 있을 것이다. 이것은 바로 참자아가 내는 소리이다. 참자아를 찾은 이후에는 자신의 느낌과 생각, 감정에 대해 솔직해진다. 처음에는 이런 자신이 낯설게 느껴질 수도 있다. 그렇지만 시간이 흐르면서 진정으로 자신을 위한 삶을 살 수 있게 된다.

신앙생활에서 진정한 나를 찾는 작업은 중요하다. 이때 만나는 하느님이야말로 참으로 나의 하느님이 되기 때문이다. 그리고 이런 경지에 이르렀을 때 풍요롭고 생산적인 삶이 시작된다. 흔히 신앙인들이 말하는 영적 식별 역시 참자아를 찾았을 때 가능하다. 자기 자신을 찾아가며 얻는 통찰은 하느님께서 보시기에 좋았다는 바로 그 모습이다. 하지만 이런 과정이 결여된 신앙인들은 이른바 종교적 무지에 빠질 확률이 높다. 일반적인 무지는 물음을 던지고 비판을 하는 것이 가능하지만, 신앙인들은 종교에 대한 의심이나 의문을 가지면 마치 불가침 영역을 건드리는 것 같다고 느끼곤 한다. 그래서 신앙생활 중 문득 드는 의문이나 궁금증에 질문을 던지는 것을 어려워하는 것이다.

이런 심리적 취약함을 이용하는 종교인들도 있다. 이들에게 신자들의 종교적 무지란 자신의 이익을 찾을 수 있는 중요한 부분이다. 그래서 이 상태에 머무르도록 온갖 방법을 동원하는데, 대개 종교적 열등감을 부추기는 방법을 쓰곤 한다. 예를 들면 가정 폭력에 시달리는 이에게 용서가 없는 심판자 하느님의 모습을 강조하며 지옥에 떨어질 것이라 말하는 것이다. 그렇게 되면 그는 다시 폭력적 과거에 갇히고 만다.

신앙인들에게 가장 중요한 것은 바로 의문이다. 신앙에 대한 질문뿐 아니라, 지금 나의 모습이 어떠한지 잘 살피고 다스리는 것 또한 중요하다. 건강한 자아가 확립이 되었을 때 하느님을 만나게 되면 그분과의 교류는 더욱 깊어진다. 더 이상 하느님 상에 대한 왜곡이나 오해를 하게 되지 않으니 말이다.

또한 자아의 뿌리가 깊숙하고 탄탄하기 때문에, 비바람이 몰아치거나 폭풍우를 만나게 되어도 흔들리지 않는다. 그리하여 그분에 대한 온전한 믿음으로 나아갈 수 있게 될 것이다.

─────────○ 내 마음을 바라보는 시간 ○─────────

살면서 통찰을 한 경험이 있는가? 그것이 지적인 통찰이었는지, 아니면 정서적 통찰이었는지 생각해 보자.

정해진 각본대로 사는 건 재미없잖아요

삶에 언제나 밝은 햇살만이 비치는 것은 아니다. 벌을 키우다 보면 벌에 쏘이게 되는 날도 있듯이, 여러 가지 변수가 있기 마련이다.

인생의 목표가 오로지 걱정에서 벗어나는 것이라면 심리적 빈곤에서 벗어나기 어렵다. 심리적 빈곤은 늘 걱정과 불안에 시달리며 말과 표정에서 드러나는 이들에게 나타난다. 물론 앞날을 미리 생각하고 계획을 세우기 위한 걱정은 바람직하다. 무모한 도전을 피해 가는 하나의 해결책이기 때문이다.

하지만 걱정만 하면서 사는 것은 인생에서 아무런 결실도 얻지 못한다. 같은 인생을 사는데도 늘 걱정에 시달리는 이들은 왜 그런 걸까? 그것은 바로 인생이 정해진 각본처럼 딱 맞춰 돌아가기를 바라는 마음 때문이다.

이를 '인생 각본'이라고 한다. 우리는 어릴 때 주변 환경과 사람들로부터 어떠한 사람이 되어야 하는지에 대한 정보를 얻고, 이를 참고하여 인생의 방향을 결정한다. 부모의 언어적, 비언어적 메시지는 아이의 초기 결정에 상당한 영향을 미친다. 이는 긍정이나 부정의 감정을 갖도록 유도하기도 한다. "너 왜 그런 식으로 하니? 그건 아니야!" 같은 말을 듣고 자란 아이는 성인이 되어서도 부정적 각본을 가지고 살아가게 된다.

왜 여기서 벗어나지 못하는 걸까? 이는 부정적 각본이 오랜 시간 동안 자연스레 몸에 배었기 때문이다. 인간은 익숙한 것에 한 번 적응하면 좀체 바뀌지 않는다. 그리고 생각했던 방향이 조금만 틀어져도 몹시 불안해한다.

심리적으로 자유로워지기 위한 내면 작업에서 처음 대면하는 감정은 불안이다. 이는 낯선 곳을 여행할 때 느끼는 불안과 비슷하다. 하지만 낯선 곳에서 그저 서 있기만 하면 아무 일도 할 수 없다. 바오로 사도가 위대한 것은 자신이 사는 곳을 떠나 험난한 여정을 감행하였기 때문이다. 이처럼 인생 각본을 바꾸기 위해서는 과감하고 담대하게 움직여야 한다.

평생 부정적 각본대로 살라는 법은 없다. 그러니 삶이 주는 역경과 파도를 뒤바꿀 힘이 내게 있다는 사실을 인식해야 한다. 또한 새로운 것을 찾아 떠나려는 모험심이 필요하다. 자신의 문제를 깨닫고 해결하는 과정은 고통스럽지만, 그 시간을 견디고 나면 자아는 한결 튼튼해져 긍정적 각본을 새롭게 쓸 수 있게 된다.

걱정이 발목을 잡든 말든 더 높은 곳을 향하여 올라가는 모험을 시도해 보길 바란다. 하지만 크나큰 모험일 필요는 없다. 일상의 아주 작은 것에서부터 시작해 보는 것이다.

한 번도 먹어 보지 않았던 음식을 먹는다든지, 늘 다니던 산책길 말고 다른 길로 가보는 것 등의 소소한 변화만으로도 좋다. 이런 변화가 익숙해지면 큰 결정을 앞두었을 때도 좀 더 담대히 선택할 수 있는 훈련이 되기 때문이다.

"나는 두려움이나 불운을 웃어넘길 수 있다. 여행가라면 반드시 자신의 경험에 대한 값을 치러야 한다."

영국의 지리학자이자 《한국과 그 이웃 나라들》의 저자인 이사

벨라 버드 비숍의 말이다. 이사벨라 버드는 그 당시 빅토리아 시대가 여성에게 요구하는 사회적 한계에 갇히지 않았다. 미국과 조선을 비롯한 여러 나라로 여행을 다니며 새로운 자신을 발견하는 것을 두려워하지 않았으며, 기꺼이 변화와 모험을 즐겼다.

이처럼 우리도 삶이 선사하는 모험을 두려워하지 말자. 삶은 정해진 답만을 주지 않으니 말이다.

──────────────○ **내 마음을 바라보는 시간** ○──────────────

내 삶은 부정적, 긍정적 각본 중 어디에 해당되는가? 만약 이 각본에서 고쳐 쓰고 싶은 부분이 있다면 무엇인지 생각해 보자.

마음을 조금 더 유연하게 만들어 주세요

    심리학자 해리슨 박사는 사람은 양면을 동시에 추구할 수 있는 통합적 존재라고 말한다. 마치 음과 양이 존재하듯이 말이다. 자신이 괜찮은 사람이라는 것을 인정하면서도 더 나은 개선을 위해 노력할 수 있으며, 자신을 인정하는 동시에 부족한 면을 바라볼 수도 있다는 것이다.

    사람은 자기 인정도와 자기 개선도로 심리적 건강 상태를 분류할 수 있기도 하다. 이런 관점에서 볼 때 자기 인정도와 자기 개선도가 높은 사람이 가장 건강한 사람이라고 할 수 있다.

이런 이들은 즐거운 마음으로 일을 배우고 인생을 즐긴다. 실수를 해도 경험이라 여기면서 툭툭 털고 일어나고, 타인의 조언이 마음에 들지 않아도 쓴 약 먹는 셈 치고 그 조언을 받아들일 줄 안다.

하지만 자기 인정도는 높지만 자기 개선도는 낮은 사람은 '왜 세상은 나 같은 인재를 몰라주는 거야.'라고 하면서 불평만 한다. 이들은 스스로에 대해서는 높이 평가하지만, 다른 사람의 인정을 받기는 어렵다.

또한 자기 인정도는 낮지만, 자기 개선도는 지나치게 높은 사람도 있다. 이들은 스스로를 죄인이라 여기며 낮춘다. 그러면서 밤낮을 가리지 않고 노력한다. 겉으로 보기에는 참으로 올바른 길을 가는 듯이 보인다. 하지만 자기 인정도가 낮기 때문에 아무리 노력해도 만족하지 못한다.

그리고 자기 인정도와 자기 개선도가 모두 낮은 사람은 스스로를 가치 없는 사람이라고 생각하면서도 이를 고칠 엄두조차 내지 않는다. 이런 사람들과 함께 있으면 항상 피곤하다. 일이 전혀 진행되지 않기 때문이다.

그렇다면 문제가 있는 마음가짐을 가진 사람들은 왜 그런 것일까? 미국의 의사이자 철학자인 윌리엄 제임스는 인생의 목표가 지나치게 높은 경우에는 자존감을 느끼기 어렵다고 말한다. 목표로 한 것에 비해 실제로 이룬 것의 가치가 너무 적기 때문이다. 그래서 치열하게 노력할 의미를 찾지 못하게 되고 자존감도 점차 떨어지게 된다고 설명한다.

매사 한 점 흐트러짐 없고, 모든 것을 무 자르듯 끊어 내는 사람은 이성적으로 보인다. 그래서 실리도 잘 따지고 손해 보는 일이 적다. 또한 이상이 높은 만큼 타인에게도 완벽함을 요구하며, 타인에게 베푸는 친절이 내게 약점으로 돌아올 거라 생각하기도 한다. 이런 방어 기제는 오히려 인간관계의 담을 높일 뿐이다. 그래서 이런 이들 곁에 선뜻 다가가기 어려워하는 사람들이 많다. 혹시라도 나의 실수나 허점을 보일까 염려스러운 마음이 크기 때문이다.

자신의 허물이나 약점을 부끄럽게 여기지 않고, 스스로 망가지는 모습을 보이는 이들에게 인간미가 느껴지는 이유가 바로 여기에 있다. 누구나 약간은 비정상이라는 생각을 가지면 타인에게도 더 이상 완벽함을 요구하지 않는다. 타인과 진정으로 깊은 관계를 맺기 위해서는 이런 유연함이 필요하다. 삶에서 맞닥뜨리는 여러 문제나, 인간관계에서 유연함을 약간만 발휘해도 한결 마음이 편안해진다. 그러면 상대방도 내가 저지른 실수나 허물을 더 너그럽게 대할 수 있게 되기 때문이다.

이처럼 융통성이 있는 사람들은 자신의 본 모습을 인정할 줄 안다. 그래서 아무리 힘들고 어려운 순간이라도 효과적으로 다룰 수 있는 창의적인 면모가 있기에, 늘 슬기로운 해결책을 생각해 낸다. 사회에 이런 사람들이 많아질수록 사회적 갈등은 줄어들고 사람이 살 만한 곳이 된다.

──────────── ○ 내 마음을 바라보는 시간 ○ ────────────

나는 무슨 일에서든 융통성 있게 행동하는 편인가? 아니면 무엇이든 원리 원칙대로 움직이려 하는가?

제3장

나 도 모 르 는 내 마 음, 왜 이 런 걸 까?

스스로를 깎아내리지 말고 안아 주세요

　유아의 심리 기반에는 좋고 나쁨만이 있다. 자아가 발달하면 이른바 초자아가 형성된다. 이 시기에는 옳고 그름의 판단을 세심하게 할 수 있다. 그러면서 수치심과 죄의식이 생기는데, 죄의식이란 이미 했거나 혹은 하지 않았던 일에 대해서 나쁘게 느끼는 감정이다.
　죄의식의 원인은 나에게 내리는 심판인 동시에 어떤 일을 잘못했다고 말해 주는 마음의 소리이다. 수치심은 스스로의 모습을 부끄럽게 느끼는 것이다. 또한 타인에게 판단받는다는 생각을 하게 한다.

죄의식과 수치심은 어른으로 성장하는 데 중요한 역할을 한다. 이를 올바르게 인식하면 성숙하고 예의바른 사람으로 만들어주기 때문이다. 하지만 문제는 이것이 지나칠 때이다.

"나는 수준 미달이야. 나도 내가 싫은데 누가 나 같은 사람을 좋아하겠어?"라며 타인의 말에 쉽게 상처받으며 가슴앓이를 하는 사람들은 이른바 '타조 콤플렉스'가 생길 가능성이 높다. 타조는 말보다 빨리 달리고, 때로는 발길질 한 번에 사람이나 말도 죽일 수 있다. 하지만 겁이 많아서 맹수에게 쫓기면 같은 곳만 뱅뱅 돌다가 모래나 바위틈에 고개를 처박는다.

이 콤플렉스를 가진 이들은 외부 세계를 두려워하여 자신의 콤플렉스에 강하게 사로잡힌다. 그래서 자기가 믿는 것 외에는 아무런 진실도 없는 것처럼 믿기도 한다. 회의 시간이나 토론 시간에 다른 이가 말하는 대로 따르는 것을 편안해하며, 자기주장을 말하는 것을 몹시 꺼린다. 괜히 일이 커지거나 곤란해질까 염려하기 때문이다. 그러면서도 한편으로는 다른 사람들이 자신을 우습게 생각하지는 않을까 눈치를 본다.

사람은 누구나 자신만의 욕구가 있다. 문제는 그것을 어떻게 표현하는가에 달렸다. 자기 생각과 주장을 어떻게 표현하는가에 따라 스스로의 가치를 어느 정도로 평가하는지 알 수 있는 척도가 된다. 자신의 소망과 욕구를 제대로 표현하지 못하고, 강박적일 정도로 겸손한 이들은 자신을 늘 다른 사람보다 못한 존재라 여긴다. 많은 이들이 지나친 사양과 양보를 미덕으로 아는 경우가 많으나, 무조건적인 양보나 자기 헌신은 미덕이라 할 수 없다. 오히려 스스로의 자존감을 깎아 먹는 도구가 될 뿐이다.

우리 마음 안에는 '검열 기관'이 존재한다. 이때 일차적 욕망은 다른 형태로 변형되고, 이 기관을 통과한 것들만 밖으로 나갈 수 있다. 이때 사용되는 것이 방어 기제이다. 방어 기제는 위험한 내적 충동을 억압하거나 변형시켜 더 이상 위험하지 않도록 만드는 과정에서 사용된다. 따라서 이것이 지나친 경우, 겉과 속이 다르다는 오해를 사기도 한다.

나 역시도 이런 방어 기제가 강하게 작동되었던 때가 '훌륭한 사제'가 되어야 한다는 강박에 시달렸을 때였다. 그러다 보니 청빈하게 살아야 한다는 생각 때문에 무엇이든 마음대로 즐길 수 없었다. 진정한 가난의 가치는 외적으로 드러나는 것이 아니라는 것을 깨닫지 못했던 것이다. 많은 사람들은 부와 가난을 외적으로 드러나는 것으로 판단하곤 한다. 그래서 과하게 사치를 부리거나, 외적인 청빈에 집착하는 것은 자신의 공허한 내면을 채우기 위한 방어막이 되기도 한다. 하지만 삶의 진정한 가치는 겹겹으로 둘러싸인 외부의 것에 있지 않다.

지나친 겸손과 사양을 하는 사람들을 대할 때 어쩐지 마음이 불편해지곤 하는데, '저 사람이 대체 무슨 생각이지?'라는 의문이 들기 때문이다. 때로는 도덕적 우월감이 자리하고 있다는 생각까지 들기도 한다. 이런 이들과의 관계는 시간이 지날수록 억눌렸던 속마음이 분노나 이중적인 모습으로 드러나기에 악화될 가능성이 높다.

오히려 내 생각과 욕구를 분명하게 표현할 때에 타인도 나를 더 편안하게 대할 수 있다. 진정한 겸손과 허울뿐인 겸손은 한 끝 차이라는 것을 꼭 기억하길 바란다.

―――――――○ **내 마음을 바라보는 시간** ○―――――――

나는 다른 사람들의 친절이나 호의를 잘 받아들이는 편인가, 아니면 어려워하는가? 타인이 친절을 베풀었던 순간에 어떤 감정이 들었는지 생각해 보자.

때로는 미움도 약이 됩니다

　신앙생활에 입문하면 이웃을 사랑하고, 아무리 미운 사람도 용서해야 한다는 이야기를 귀에 딱지가 앉도록 듣는다. 예수님께서는 일흔일곱 번까지도 용서하라고 하셨으나, 용서란 쉬운 일이 아니다. 특히 누군가를 미워하는 마음을 없앤다는 것은 현실적으로 불가능하다. 그럼에도 불구하고 많은 신앙인들이 미움이라는 감정의 걸림돌에 걸려 넘어지고 만다.
　사람이 갖고 있는 감정 중에 쓸모없는 것은 없으며, 때로는 미움도 약이 된다. 심리적 외상은 내 마음에 상처를 준 누군가를 미워하는 마음이 있어야 극복할 수 있다. 사람은 자신에게 가해지는 공격이 한계치를 넘으면 감당할 수 없을 정도로 과격해진다. 감정을 제어하는 데 실패하는 것이다.

특히 피해자가 어린아이일 경우에는 더욱 심각하다. 어린아이의 정신적 방어 체계는 점진적으로 발달한다. 그래서 심각한 외상에 충분히 저항할 수 있기까지는 시간이 걸리므로 상처를 입게 된다.

정상적 환경에서는 어머니의 개입이 도움을 준다. 하지만 애정이나 관심이 부족한 어머니는 자녀의 외상을 눈치채지 못하거나 무관심하기도 하다. 또 부모가 가해자인 경우도 있다. 이때 아이가 받는 정신적 상처는 쉽사리 치유되지 못한다. 이것이 정신의학에서 말하는 어린아이들의 심리적 외상 원인이다.

어린아이들은 잘못을 저지르면 스스로를 자책하며 미워한다. 이것이 '자기 처벌'이다. 아이는 완벽하지 못한 자신을 탓하며, "부모님이 날 사랑하지 않는 건 내가 나쁜 아이이기 때문이야. 나는 아무에게도 사랑받을 수 없어."라고 생각한다. 가해자인 부모를 사랑하기에 미워한다는 것은 상상할 수조차 없는 일이다.

문제는 아이가 성장한 다음이다. 가해자에게 책임을 물을 수도 없고, 적대감은 사라지지 않으니 스스로를 죄인이라 여기는 것이다. 이런 결과는 결국 자기 파괴적인 삶을 살게 하며, 하느님께 용서받지 못할 죄인이라 여기며 스스로에게 폭력을 가하기도 한다.

이런 격정적 감정인 미움을 물리치려면 스스로에 대한 미움을 가해자에게 돌려야 한다. 그래야 비로소 진짜 죄인이 단죄를 받고, 피해자는 자신에 대한 미움을 거두게 된다. 물론 가해자에게 복수를 하자는 것은 아니다. 고통받던 그 아이는 성장한 어른이 되었다. 그러기에 가해자는 더 이상 힘을 행사하지 못하는 과거의 사람일 뿐이다.

하지만 가해자가 여전히 피해자의 기억과 무의식 안에서 위협을 가하는 경우도 있다. 우리가 무너뜨려야 할 대상은 바로 이 무의식 속의 가해자이다. 이 가해자는 마치 망령과도 같다. 시간이 흘렀어도 피해자의 무의식 속에 똬리를 틀어 옴짝달싹 못 하게 만들기 때문이다. 따라서 이 망령을 물리치는 방법은 바로 '미움'이다. 그래서 사람은 미워하지 않되, 사람이 내 마음속에 심은 망령을 미워해야 하는 것이다.

이는 마치 구마 사제가 악령을 쫓아내는 것과 비슷하다. 따라서 우리도 구마 사제처럼 어두운 곳에 자리한 악령을 미움으로 몰아내야 한다. 그래야 비로소 내가 살 수 있다.

―――――――――○ **내 마음을 바라보는 시간** ○―――――――――

나에게 상처를 준 사람들과 미워한 사람들을 생각해 보자. 그리고 이에 어떻게 대응해 왔는지 점검해 보자.

인생의 덫에서 빠져 나오세요

    회피성 인격을 지닌 사람들은 실패나 상처를 두려워한다. 한 번 실패하면 재기할 수 없다는 두려움이 강해서 차라리 처음부터 하지 않는 편이 낫다고 생각한다. 그래서 뭐든지 시도하려 하지 않는다.

    이런 성향은 대인 관계에서도 나타난다. 인간관계에서 상처받는 것을 두려워하기 때문에 관계가 진전되지 않는다. 사람을 만나고 싶어 하지만 타인이 자기를 좋아하지 않을 거라는 생각에 사로잡혀서 깊이 사귀질 못한다. 호의를 갖고 다가오는 사람들을 쌀쌀맞게 거부하기도 한다. 사람들이 자신에게 실망해서 돌아서는 일이 생길까 염려하여 미리 선수를 치는 것이다. 이들은 창피당하거나 비난당하면 앞장서야 할 일에도 뒤로 물러선다.

이들의 문제는 어린 시절에 시작되어 반복되는 패턴인 '인생의 덫'이다. 이 덫에 걸린 사람들은 과거의 고통스러운 상황을 또다시 재현한다. 그래서 원하는 것과는 반대의 상황을 만든다. 여기서 인생의 덫은 생각과 감정, 행동, 대인 관계를 결정한다.

그래서 모든 걸 완벽하게 누리고 있는 것처럼 보이지만 실상은 비참하기 짝이 없다. 인생을 진정으로 즐기지 못할 뿐더러 자신의 일에 대한 신뢰도 없기 때문이다.

이처럼 진실한 관계를 맺지 못하는 사람들은 '정서적 박탈'이라는 인생의 덫에 걸렸다고 할 수 있다. 이들은 상대를 얻었다고 생각한 순간 흥미를 잃는다. 부모 중 어느 누구에게도 정서적 욕구를 충족받지 못하고 성장했기에 어른이 되어서도 스스로 고립되는 것이다.

지나친 통제를 받으며 자란 사람들은 타인이 자신을 통제하도록 내버려 두기도 한다. 프로이트는 이를 '반복 강박'이라고 한다. 반복 강박은 고통을 되풀이하며 과거에서 벗어나려 하지 않는 것이다. 또한 이런 강박은 더 나은 인생을 설계하지 못하도록 방해하여, 어린 시절의 부정적인 패턴을 반복하게 한다. 이 익숙한 패턴은 예측 가능성과 확실성, 편안함과 친숙함을 준다. 그래서 인생의 덫에서 헤어 나오기가 어렵다.

이들에게는 좋은 본보기가 되어 줄 사람이 필요하다. 그래서 덫에 걸렸을 때 좋은 종교인, 좋은 스승, 좋은 친구를 만나면 빠져나오는 데 도움을 받을 수 있다. 어려운 순간에 함께한 사람이 진정한 동반자가 되는 것이다.

─────────○ **내 마음을 바라보는 시간** ○─────────

나의 인생의 덫은 무엇인가? 이 인생의 덫에서 벗어나기 위해서 어떤 노력을 하였는가?

마음의 불청객, 불안을 맞아들이기

'상표 충성도'라는 말이 있다. 자신이 선택한 상품에 대한 불안감이 큰 사람일수록 선택한 후에 합리화하는 경향이 심해지는 현상을 말한다. 하지만 아무리 합리화를 해도 불안의 후유증은 남는다. 현대인들에게 불안은 떼려야 뗄 수 없는 존재이다. 이 감정은 참으로 끈덕지게 달라붙어서 사람을 무기력하게 한다.

하지만 불안이 결코 안 좋은 것만은 아니다. 철학자 키르케고르는 불안을 '자유의 가능성'이라고 했다. 불안은 현재의 자신에게 만족하지 못하는 인간이 더 나은 삶을 위해 앞으로 나아가게 하는 원동력이 되어 준다는 것이다. 건강한 불안은 삶을 움직이는 인생의 에너지이다. 우리가 주의해서 다루어야 할 불안은 과도한 불안이다. 이를 극복할 수 있는 몇 가지 방법을 소개한다.

첫째, 잊어야 한다. 불안감은 시간이 지날수록 물먹은 솜처럼 부피가 커진다. 그러나 여기에서 벗어나기 위해 애쓴다면 제풀에 사그라진다. 우울하고 불안할 때는 만사가 귀찮고, 안 좋은 상황만 보이니 늘 최악의 상황, 부정적 감정만 생각한다. 따라서 다소 힘들더라도 이 감정을 툭툭 털고 일어날 수 있도록 시야를 다른 곳으로 돌려야 한다. 다른 사람들과 만나서 웃고 떠들거나, 재미있는 영화나 드라마를 보는 것 등등 눈을 돌려서 잊는 시간을 갖는 것이 좋다.

둘째, 일상생활을 하는 것이다. 어떻게 보면 약간 식상한 말일 수도 있지만 치료 현장에서는 매우 중요한 말이다. 사실 환자들이 가장 바라는 것은 병의 치유뿐 아니라 일상으로 돌아가는 것이다. 그리고 일상생활을 하려고 노력하면 할수록 불안이 감소되는 효과가 나타난다.

셋째, 믿음을 가지는 것이 좋다. 사람이 나락에 떨어지게 되면 실낱같은 희망이라도 잡기를 원한다. 그럴 때 종교를 가지는 게 도움이 된다. 신앙인들은 기도 안에서 힘을 얻고, 그 안에서 살아갈 희망을 찾기 때문이다. 인간은 나약하고 미성숙한 존재이나 이런 자신의 모습을 받아들이는 것이 쉽지 않다. 하지만 신앙인들은 자신의 약함과 어리석음을 깨닫고, 기도 안에서 이를 받아들이려 노력한다. 그래서 일반인들보다 고통과 어려움을 대처하는 힘이 조금 더 있다고 할 수 있다.

마지막으로 조언하고 싶은 것은 나를 괴롭히는 이 감정의 실체가 무엇인지 직시하는 것이다.

불안에 시달리는 이들이 갖는 공통적인 문제가 있다. 자신을 괴롭히는 방식이 비슷하거나, 비현실적이거나, 논리적이지 않은 극단적 요구를 하며 스스로 독선적 명령을 내리는 것이다. 이렇게 자신을 극한으로 떠미는 생각은 결국 실체 없는 불안을 불러일으킬 뿐이다. 이런 것들을 잘 다루면 불안은 감소된다.

건강한 불안은 삶의 동기가 된다는 사실을 다시 한번 강조하고 싶다. 그러니 이를 내 삶의 일부로 받아들이고 피하지 않는 용기가 필요하다. 진정한 불안의 의미를 깨닫게 되면 삶은 조금씩 바뀌기 시작한다.

따라서 불안한 순간을 어떻게 대처하고 있는지 점검해 보아야 한다. 사실 아직 닥치지 않았거나, 혹은 해결할 수 있는 잠재력이 충분히 있음에도 불구하고 막연하게 불안해하는 경우가 많다. 이 불안의 원인과 대책을 차분히 생각해 보며 곰곰이 곱씹어 보는 것이 좋다.

그리고 불안한 나의 마음과 상태를 하느님께 온전히 맡겨 드리며, 나 자신을 이끌어 주시길 기도하는 시간을 가지는 것도 도움이 된다. 오롯이 그분만을 향한 굳은 믿음과 신뢰만으로 한결 편안해지는 것을 느낄 수 있을 것이다. 기도의 깊이가 깊어질수록 불안의 늪에서 서서히 빠져나오게 된다.

───────○ **내 마음을 바라보는 시간** ○───────

나는 어떤 순간에 불안한가? 무엇이 나를 불안하게 하는지, 또 그런 상황에서 어떻게 대처하는지 생각해 보자.

외로움도 통역이 되나요?

현대인에게 친숙한 감정 중 하나가 외로움일 것이다. 많은 이들은 도시의 시끄러운 소음 속에도 공허하고 허전해한다. 수많은 아파트의 창문 너머로 비추는 개개인의 삶은 실은 지독히도 외롭다. 현대의 신종 산업을 일컬어 '외로움의 산업'이라고 할 정도로 외로움은 우리 삶에서 크나큰 비중을 차지한다. 또한 알코올 중독이나 마약, 때로는 범죄 행위를 유발하게 할 정도로 위험한 면도 있다. 그렇다면 이를 어떻게 다루는 것이 좋을까?

외로움의 가치와 의미를 생각해 보는 것이 도움이 될 수 있다.

사실 진정으로 외로움을 잘 다루는 사람은 다른 사람들과 원만한 관계를 맺을 수 있다.

수도자들은 기본적으로 공동생활을 원칙으로 하지만 때때로 고독의 자리를 찾는다. 복잡한 관계 안에서는 내 자아를 바라보고 성찰하는 것이 어렵기 때문이다. 그래서 사제와 수도자들은 정기적으로 혼자만의 시간을 가지는데, 이를 '피정'이라고 한다. 이 피정을 통해 시끄러운 삶에서 잠시 벗어나 굳어진 생각과 진정한 나의 내면을 들여다볼 수 있다. 그러므로 하느님과의 좀 더 진실한 만남이 가능해진다. 자신을 돌아볼 수 있는 최적의 기회가 되는 셈이다.

한편, 외로움은 타인에게 인정받고 관심받고자 하는 욕구에서 생긴다. 밥상을 차렸는데 같이 먹어 주는 사람이 없으면 지독한 외로움이 찾아든다. 나를 알아주고 칭찬해 주는 사람이 없으면 한없이 초라해지고 외로워진다.

그래서 깊은 외로움에 빠진 이들은 어딘가 빈 부분을 채우고자 한다. 이럴 때 자신을 위로해 줄 사람을 찾아 나서는데, 자신의 공허감을 타인에게 쏟아부으므로 상대방은 당혹스럽다. 그래서 다시 관계가 멀어지고 또다시 고립되는 악순환의 반복이 되는 것이다. 물론 사람에게서 위안과 관심을 받는 것은 외로움을 달래는 데 도움이 되지만 일시적이다.

나 역시도 외로움의 밑바닥까지 내려갔을 때 우연히 심리 상담을 받게 되었다. 그러면서 관심의 대상이 다른 사람에서 나 자신으로 바뀌었다. 심리 상담의 근본적인 의미는 결국 내 자아를 찾아 나서는 것이기 때문이었다. 그러다 보니 외로움을 메우느라 의미 없는 시간을 보내던 것이 줄어들었고, 점점 의미 있는 삶을 살고 싶다는 욕구가 생겼다. 나의 삶과 욕구가 무엇인지 깨닫게 된 것이다. 그제서야 비로소 홀로 있는 시간의 가치도 깨닫게 되었다.

때때로 수많은 사람들 사이에 둘러 싸여 있어도 외로움을 느끼는 순간이 있다. 이는 누군가 내 삶을 대신 살아 주지 않는다는 것을 무의식적으로 깨닫고 있기 때문일지도 모른다. 그러므로 외로움을 잘 다룰수록 진정한 홀로 서기가 가능해진다.

따라서 외로움의 늪에 마냥 빠져 있을 것이 아니라, 이를 털고 일어날 수 있도록 해야 한다. 처음에는 나를 이해해 주는 타인과 어울리는 과정부터 시작하며 외로움을 이길 수 있는 힘을 찾도록 해 보자. 그리고 어느 정도 정신 건강이 성숙해진 다음부터는 내 마음에 대한 탐구를 시작하는 것이다.

신앙인들에게는 앞서 말한 피정이 도움이 된다. 일상의 분주함에서 벗어나 하느님의 말씀을 더욱더 깊게 새기며, 나 자신을 돌아볼 수 있기 때문이다.

피정이 아니더라도 일상 안에서 홀로 조용히 머무르는 시간을 가져 보자. 이때 휴대폰은 잠시 꺼 두도록 한다. 볕이 잘 드는 곳에 앉아 내 마음 상태가 어떤지, 외로움을 느끼고 있다면 왜 그런 것인지 적어 보는 것도 좋다.

이처럼 외로움을 잘 다루는 방법은 무엇보다도 자기 이해와 돌봄을 하는 것에서 시작한다는 사실을 잘 기억해 두면 좋겠다.

───────── ○ **내 마음을 바라보는 시간** ○ ─────────

나는 어떨 때 외로움을 느끼는가? 이런 순간에 어떻게 대처하는가?

분노가 지닌 두 얼굴

　심리학자 레드포드는 《화가 부르는 것》에서 '적대적 신드롬'이라는 표현을 사용했다. 적대적 신드롬 상태에 놓인 사람들은 지나치게 예민하고, 자신을 방어해야 한다는 인식이 강하다. 그래서 다른 사람들에게 공격적으로 행동하려는 충동을 느끼게 된다.
　그러면서 언어적, 신체적으로 저돌적인 행동을 보이는데, 이러한 행동은 적대감을 강화시키고 충동에 대한 자제력을 잃도록록 만든다. 이 악순환의 고리에 빠지면 결국은 다른 사람과 끊임없는 불화를 일으킨다.

이처럼 심한 분노가 일으키는 부작용에는 여러 가지가 있다. 분노가 지속적으로 계속되면 온갖 질병에도 쉽게 노출된다. 면역 체계가 부정적인 방향으로 과도하게 활성화되기 때문이다. 따라서 심장 내벽 손상, 콜레스테롤 수치 증가, 심장 질환이 발생할 가능성도 높아진다.

또한 화가 났을 때는 내가 모든 것을 명확하게 보는 것 같은 착각 현상이 생겨서 잘못된 판단을 내리기 쉽다. 그러면서 세상을 흑백 논리로 보기 시작한다. 문제의 원인이 타인에게 있는 것처럼 느끼는 동시에, 내가 판단하는 모든 것이 분명한 사실이며 명확하다는 느낌을 가지는 것이다. 그러면서 세상을 보는 시야가 점점 좁아지는 터널 비전 현상이 생긴다. 터널의 시작 부근에서 끝을 바라보면 아주 작지만 너무나 또렷한 구멍이 보인다. 이처럼 화가 난 상태에서는 세상을 좁은 구멍으로 보게 되기에, 이때 내리는 판단은 거의 오판일 가능성이 높아진다.

이런 이유로 많은 종교인들은 분노를 내려놓으라고 말한다. 하지만 분노를 억누르기만 하면 분출되지 못한 감정이 쌓이면서 이른바 화병에 걸리게 된다. 따라서 적절히 분노를 해소하고 때로는 화를 내는 것도 필요하다.

조심해야 할 것은 지나친 분노와 적대감이다. 그렇다면 이 적대감은 어디에서 올까? 앞서 말했던 내재아 안에는 미성숙한 자아와 문제를 일으키는 자아가 공존한다. 문제를 일으키는 자아 뒤에는 사악한 모습이 숨겨져 있다. 이 사악한 자아는 주로 분노를 먹고 자라는데, 결국 병적인 그 자아가 건강한 자아를 압도해 버린다. 이렇게 병적인 자아에 사로잡힌 사람들은 항상 적대감에 사로잡혀 있다.

분노에도 필요한 분노와 경계해야 할 분노가 있다. 여기서 우리에게 필요한 분노는 도덕적 분노이다. 이 분노에는 자기 보호 기능이 있다. 그래서 타인이 내게 부당한 요구를 했을 때 거절하는 힘이 바로 여기서 나온다. 이처럼 사회적으로 불의한 것에 항거하는 것을 '도덕적 분노'라 한다. 그래서 사회를 정의롭게 만들고, 나 스스로를 보호하는 데도 도움을 준다.

여기서 또 구분 지어야 할 것이 있다. 바로 착한 것과 '착해 빠진 것'이다. 특히 '착해 빠진' 사람들에게는 일종의 '착한 아이 콤플렉스'가 있다. 이 사람들은 분노라는 감정이 거의 없다시피 하다. 다른 사람들의 부당한 요구도 참으며, "세상사가 그런 것이지, 뭐."라고 넘겨 버린다.

사람들은 흔히 성인 성녀들이 마냥 온순한 사람들이었을 거라고 생각한다. 오래 전 스페인 성지 순례에서 예수의 데레사 성녀의 수도회를 방문한 적이 있다. 성당 한쪽에 걸린 초상화가 인상적이었는데 우리가 으레 생각하는 성녀 특유의 평화롭고 온화한 얼굴이 아니었다. 초상화 속 성녀의 얼굴은 날카로운 눈의 험상궂은 독수리 같은 모습이었다.

성녀는 스페인 가르멜 수도회를 대대적으로 개혁하는 데 많은 힘을 쏟았는데, 이 힘은 분노에서 나왔다. 성녀의 이런 모습과 관련된 일화가 있다. 어느 날 성녀가 탔던 마차가 뒤집어지는 사고가 일어났다. 마차에 탔던 다른 사람들은 간신히 빠져나와 자신들을 구해 준 하느님께 찬미를 드렸다. 하지만 성녀는 밖으로 나와 하늘을 향해 삿대질을 하며 이게 무슨 짓이냐며 하느님께 항의했다고 한다. 이처럼 대찬 사람이었기에 새로운 가르멜회를 만들 수 있었던 것이다.

흔히 '대의'라는 표현을 쓴다. 사람으로서 마땅히 지키고 행해야 할 큰 도리라는 뜻이다. 이를 도덕적 분노로 승화시켜 몸소 실천한 예수의 데레사 성녀를 본받을 필요가 있다.

물론 앞뒤 가리지 않고 무작정 내지르는 분노는 주변 사람들에게 위협만 줄 뿐이다. 하지만 도덕적 분노는 세상을 바꾸는 힘이 있다. 예수님께서도 그 당시 유다인들의 모순된 행태를 꾸짖으며 진정으로 분노할 줄 아셨던 분이었다.

그러니 우리 역시도 분노하는 것에 대해 지나친 죄책감을 가질 필요가 없다. 진정한 분노는 어설픈 용서보다 나으며, 그 본질은 세상을 변화시키는 힘이 되니 말이다.

──────────○ **내 마음을 바라보는 시간** ○──────────

나는 분노할 때 어떻게 행동하는가? 진정한 분노를 한 적이 있는가?

내 안의 어린아이에게 손 내밀기

 가정이라는 공동체는 참 미묘하다. 쉼터가 되어 주기도 하고, 한순간에 맹수가 우글거리는 우리가 되어 버리기도 하니 말이다. 그래서 진정으로 쉬어야 할 가정 안에서 도리어 상처를 받기도 하고, 이 안에서 여러 가지 트라우마와 콤플렉스도 생긴다.

 상담을 하다 보면 어린 시절에 받았던 상처를 이야기하며 우는 이들을 많이 만난다. 심리학자 칼 융은 이런 현상에 대해 "모든 성인의 삶 안에는 어린아이가 한 명 숨어 있다. 이 아이는 영원한 어린이로 남아 있다. 늘 무언가가 되어 가고 있으나 결코 완성되지 않고, 끝없는 보살핌과 관심을 요구한다. 이 내면의 어린 아이를 다시 일깨우는 것이 의미 있는 생명을 만드는 것이다."라고 말했다.

이처럼 우리 마음속에 웅크리고 있는 어린아이가 받았던 상처와 기억이 성인이 된 지금도 자꾸 발목을 붙잡는 것이다. 그래서 이런 것들을 떨쳐 버리고 과거의 불우한 기억과 마주할 용기가 있어야 한다. 상처 부위에 흙을 문질러 더 악화시킨다고 생각할 수 있으나, 내재아는 회피할수록 더욱 집요하게 따라 붙는다.

"그때 많이 힘들었지? 괜찮아. 이제 더 이상 너를 위협하는 건 없어. 너는 행복해질 자격이 충분히 있는 사람이야."라고 말하며 과거의 나에게 먼저 손을 내밀어 보자. 내 마음의 연약함을 수용하고 받아들인다면, 이 내재아와 진정한 친구가 될 수 있다. 그러면서 천천히 마음의 상처도 아물기 시작한다.

심리학자 프리츠 펄츠는 놀이로 자신의 내면아와 접촉할 수 있다고 했다. 이 놀이는 우리가 어린 시절에 흔히 해 봤을 법한 것들이다.

1. 음식을 만들면서 어질러 보기.

2. 그림을 그리되, 손가락에 물감을 묻혀 그려 보기(이때 잘 그리려 애쓸 필요는 없다).

3. 가장 밝은 색의 옷을 차려입고 어디든 가 보기.

4. 해변에서 모래찜질을 해 보고, 물속에서 시간 보내기.

5. 화려한 색채 구경하기.

6. 집 근처의 산이나 강가를 맨발로 산책해 보기.

어린아이들은 호기심이 많아 이것저것 만지고, 깨물어 보고, 냄새도 맡으며 감각을 폭넓게 받아들인다. 하지만 성인이 되어서는 어른이라는 틀 안에 갇혀 여러 면에서 제약을 받는다.

앞에서 말한 놀이가 어린 시절에나 할 법한 유치한 행동이라고 생각할 수도 있다. 하지만 이 방법은 직접 보고 만지는 행위가 중심이 되므로 잃어버렸던 감각을 되찾는 데에 효과적이다. 그래서 이 행위를 통해 내재아와 만날 수 있도록 도움을 주고, 스트레스를 완화해 주는 측면도 있다.

이런 놀이를 하다 보면 다른 일들을 잠시 잊고 오롯이 집중할 수 있는 기회가 생긴다. 또한 상처 입은 내면아를 돌볼 수 있는 기회도 된다.

이처럼 어린아이처럼 단순한 놀이를 해 보며 나를 즐겁게 해 주는 것이 심리적으로 큰 도움이 된다는 것을 알 수 있다. 그러다 보면 내가 진정으로 좋아하는 것이 무엇인지 다시금 찾을 수 있게 될 것이다.

───────────○ **내 마음을 바라보는 시간** ○───────────

어린 시절에 상처받았던 기억이 있는가? 그 기억들을 떠올리며 내 안의 어린아이와 만나는 시간을 가져 보도록 하자.

불행에 맞서는 힘을 기르세요

인생을 흔히 바다를 항해하는 것에 비유하기도 한다. 우리는 삶이 파도 한 점 없이 순풍에 돛단 듯이 항해하기를 바라지만, 굴곡 없는 인생이 꼭 행복한 것만은 아니다.

영성 심리학자들은 심한 파도가 일렁이는 바다 위에서 항해하는 선장이 잔잔한 바다에서 항해하는 유람선의 선장보다 더 유능하다고 한다. 험난한 바다 위에서 항해를 해 보았으니 더 크고 사나운 파도를 만나더라도 능숙하게 대처할 수 있는 경험이 생겼기 때문이다.

이처럼 삶에서도 많은 풍파를 겪은 사람이 자기 인생을 잘 개척해 나간다. 그런데 어떤 이들은 삶에서 참담한 결과를 얻었을 때 자기 자신을 심하게 질책하는 경향이 있다. 그런 반응은 실패나 불행에서 비롯된 감정을 해소하기 위한 일시적 방편일 수도 있다.

하지만 이 상태가 장기간 지속되는 것은 다른 문제이다. 스스로 우울의 늪에 점점 더 빠져드는 것은 물론이고, 타인의 동정을 얻고자 하는 경향이 생길 수 있다는 것이다.

그래서 삶의 긍정적인 측면을 모두 동원해서 부정적인 사건 하나가 내 감정을 물들이지 않도록 해야 한다. 또한 자연스럽게 떠오르는 비관적인 생각에 저항하는 법을 배워야 한다. 더 긍정적인 눈으로 이 상황을 바라볼 수 없는지 숙고해 보고, 자신에게 주어진 상황을 객관적으로 바라보는 것이 좋다.

건강한 사람은 자신이 운명에 끌려다니는 희생물이 아니라 삶의 주인이라고 믿는다. 그러나 행복한 삶이 만족감으로 충만한 상태는 아니다. 행복한 사람 역시도 비극과 도전, 불행, 실패, 그리고 후회까지 전부 아우르는 삶을 산다.

하지만 이런 상황에 우리가 어떻게 대처하느냐에 따라 행복과 불행이 결정된다는 것을 알면 조금 더 여유가 생긴다. 그래서 노가는 "행복은 불행에서 나온다. 불행은 행복 가운데 숨어 있다."라고 말했다.

많은 사람들이 불확실한 인생이 평탄해지길 바라며 부적을 사고 점을 본다. 하지만 이런 불확실한 결과에 의지하는 것이 아니라, 내 자아의 힘을 키우는 것이 더 중요하다.

신앙인들은 불행의 순간이 닥쳤을 때, 하느님께서 내게 왜 이런 상황을 주셨을지 기도하며 그 안에서 답을 구하는 것이 좋다. 그러나 기도가 삶의 도피처가 되어서는 안 된다. 흔히 기도를 그저 문제를 해결해 주기 위한 기복 신앙처럼 받아들이는 경우가 많은데, 이는 자칫 독이 되기도 한다.

예를 들면 세상 모든 일이 내 뜻대로 되도록 해 달라는 기도가 그렇다. 만약 내가 바라는 대로 기도가 그대로 이루어진다면 일상이 더더욱 감사로 가득 차게 될까?

물론 처음에는 그럴 수 있지만 시간이 흐를수록 자칫 교만해질 수 있다. 오히려 고통과 어려움을 받아들이며 묵묵히 바치는 기도가 더 바람직하다. 따라서 기도는 내 안의 문제에 대해 직면하고 대항할 수 있는 힘을 얻는 자리이다.

그러니 역경과 불편은 오히려 우리를 더 강하게 만들어 준다는 것을 항상 기억해야 한다. 거친 파도를 잘 견딘 항해사가 진정한 뱃사람으로 태어나듯 말이다.

──────○ **내 마음을 바라보는 시간** ○──────

나를 절망에 빠트리는 것은 어떤 것인가? 나는 그것들에 어떻게 대처하였는가?

지금 이대로도 괜찮아요

판공성사는 신부나 신자들이나 모두 지치는 긴 시간이다. 이때 여러 사람들을 만나곤 하는데 그중 기억나는 일화가 있다.

고해성사를 주었던 한 신자가 잠시 뒤 다시 고해소로 찾아온 것이다. 그분은 쭈뼛거리는 목소리로 이렇게 말했다.

"좀 전에 고해성사 본 사람인데요, 아까 잊어버리고 고백 안 한 것이 있어서요."

"예. 그래서 이밖에 알아내지 못한 죄도 사해 달라고 하셨지 않습니까?"

"그래도 그렇게 하면 안 될 것 같아서요. 그리고 보속이 왜 그렇게 적은가요?"

"보속 적은 것이 불만이세요?"

"그건 아니지만……. 신부님이 제 죄를 제대로 못 들으셔서 적게 보속을 주시는 건가 해서요."

"그런 거 아니니까 얼른 가세요."

"마음이 계속 찜찜해서요."

고해성사는 하느님과 화해하고 마음의 평안함을 얻는 은총의 성사이다. 그런데 성사를 보았음에도 괜스레 마음이 찜찜하다고 하는 이들이 있다. 대부분의 경우는 자기 용서가 되지 않아서 그렇다. 의외로 타인을 용서해 주는 것보다 나 자신을 용서해 주는 것이 더 어렵다.

하지만 자기 용서가 되어 있지 않으면 고해성사가 주는 화해의 은총을 진정으로 누릴 수 없다. 이 불편한 마음은 성체도 기쁜 마음으로 영할 수 없도록 한다. 그런데 가톨릭에서는 타인을 용서하는 것에 대해서는 강조하지만, 정작 자기 용서는 언급이 없다. 무엇보다도 자기 용서가 되어 있지 않으면 다른 사람을 용서해 주기가 어렵다.

예수님을 팔아넘긴 유다 이스카리옷이 대표적인 예이다. 예수님께서는 유다를 친구라고 부르시며, 하러 온 일을 하라고 말씀하신다(마태 26,50 참조). 그리고 당신 수난을 받아들이셨다. 하지만 유다는 주님의 이 부드러운 용서를 받았음에도 스스로 목숨을 끊고 말았다.

이런 예시에서 알 수 있듯, 영성 심리가 말하는 지옥은 자기 자신을 용서하지 못한 영혼들이 가는 곳이라 할 수 있다. 자기 용서가 쉽지 않은 이유는 마음속의 가혹한 심판관 때문이다. 사람은 완벽할 수 없는 존재임에도 불구하고, 완벽해야만 사랑받을 수 있다고 생각한다. 이런 생각이 어릴 때부터 자리 잡으면 가혹한 심판자는 우리를 잠시도 쉬지 못하게 하고, 불행의 길에서 벗어나지 못하도록 한다.

시간이 지날수록 비대해진 심판관은 한 사람의 자아를 노예처럼 다룬다. 죄를 용서하지 않는 잔혹한 신의 행세를 하는 것이다.

이런 신앙관을 가진 사람들은 종교인에 대해 무조건적으로 순종하며 늘 위축되어 있다. 문제는 이런 사람들이 양적으로 기도는 많이 한다는 것이다. 이 때문에 신앙심이 깊은 것처럼 보이나 실상은 그렇지 않다.

성경 말씀에 지나치게 집착하고, 자기 내면의 문제를 무시하기 때문이다. 하지만 나 자신을 진정으로 사랑해야 타인도 사랑할 수 있으니, 스스로의 가치를 인식하는 것이 훨씬 더 중요하다.

자신 스스로를 죄인으로 여기는 사람이 용서받으며 자존감을 회복하는 과정은 심리학적 지식과 경륜을 가질 때 비로소 치유 효과가 나타난다.

──────○ 내 마음을 바라보는 시간 ○──────

내가 감추고 싶어 하는 콤플렉스는 무엇인가? 그런 콤플렉스를 바라볼 때 어떤 느낌이 드는가?

제4장

혼자서도 마음을 치유할 수 있습니다

기대는 사람을 춤추게 하지요

아기가 태어난 지 일 년 되는 날 해 주는 잔치를 돌잔치라고 한다. 이때 잔칫상 위에는 돈, 실을 비롯한 여러 가지 물건을 올려놓고 돈을 잡으면 부자가 되겠다고 하고, 책을 잡으면 공부 잘 하겠다는 덕담을 주고받는다. 이는 아이가 커서 어떤 사람이 될 것인가에 대한 기대 심리 때문이다. 이처럼 기대는 인간의 삶에 있어서 참으로 중요한 것이다.

심리학자 프로이트는 자신이 학자로서 대성할 수 있었던 것은 어머니 덕택이라고 말한 적이 있다. 그의 어머니 아말리아는 스물한 살에 자식이 딸린 남자와 결혼한 후 프로이트를 낳았다. 어느 날 아말리아가 아기 프로이트를 데리고 산책을 나갔다가 한 동네 할머니를 마주쳤다. 그녀는 프로이트를 보고 "커서 큰 인물이 되겠다."라고 했다. 아말리아는 그 말을 예언처럼 받아들여 아이에게 온갖 정성을 쏟았다고 한다. 어머니의 정성이 프로이트를 대학자로 만든 것이다.

기대는 어른아이 할 것 없이 모두에게 필요하다. 기대를 가져 줄수록 그에 알맞은 몸과 마음가짐을 갖추게 되기 때문이다. 그래서 기대는 사람을 움직일 수 있는 가장 강력한 원천이라 할 수 있다. 관심과 칭찬을 동반한 기대는 더욱더 효과가 좋다.

아이들은 어른들이 주는 칭찬을 먹고 자란다. 간혹 아이에게 칭찬을 해 주면 버릇이 나빠질 거라 생각하여 칭찬에 인색한 부모들이 있다. 그러나 성장 중인 아이들에게 사소한 부분이라도 잘한 것을 찾아내어 "잘했어!", "엄마아빠는 네가 자랑스러워." 같은 말을 건네면 아이는 자신이 사랑받고 있다고 느낀다. 바로 그런 부분들이 쌓이면 부모와의 관계뿐 아니라 정서 발달에도 큰 도움이 된다. 이런 아이들은 긍정적이고 활달하며 자기표현에도 능숙하다.

하지만 칭찬에 인색한 부모 밑에서 자란 아이들은 꾸지람이 더 익숙하다. 그러니 모든 일을 할 때 자신감이 없고 위축되어 있으며, '이게 맞나? 이렇게 해도 되나?'하고 스스로를 검열한다.

기대에는 일종의 양면성도 있다. 바로 타인에 대한 과도한 기대를 하는 경우이다. 타인이 내가 원하는 만큼의 수준에 도달하지 못하면 짜증 섞인 잔소리를 하기 마련이다. 여기서 스트레스와 분노가 발생하고, 상대방 역시도 내게 이도저도 아닌 사람이 되어 버리고 만다.

'기대 수준'은 상대방에게 바라는 것을 뜻한다. 내가 원하는 것은 열 가지인데, 상대방이 주는 건 다섯 가지밖에 안 되니 스트레스와 불만족이 생기는 것이다.

우리는 타인과 관계를 맺는 동시에 나 자신과도 관계를 맺는다. 심리학에서는 스스로에게 거는 기대 수준이 높을 때 다른 사람들을 들볶는다고 한다. 오래전부터 많은 종교인들은 마음의 평안함을 중요시했다. 평안함을 얻는 방법은 단순하다. 자신과 타인에 대한 기대를 낮추는 것이다.

기대는 타인과의 좋은 관계를 여는 열쇠이다. 하지만 지나친 집착과 기대 수준은 요구하지 않는 것이 좋다. 적절한 선에서 충분한 관심과 칭찬으로 상대방이 존중받고 있다고 느끼도록 해 주는 것이 관계를 유지하는 데 있어 중요하다.

또한 나 스스로에 대한 칭찬을 잊지 않아야 한다. 거울을 보며 스스로에게 용기와 힘이 되는 말을 해 보도록 하자. 삶을 대하는 태도가 달라질 것이다.

───────────○ **내 마음을 바라보는 시간** ○───────────

사람들이 나에게 거는 기대에는 어떤 것이 있는가? 또한 내가 사람들에게 거는 기대에는 어떤 것이 있는가?

내 인생의 자전거에 오르세요

현대인들이 가장 중요하게 여기는 내면의 가치는 자존감이다. 요즈음 자존감을 다룬 책들이 인기를 끄는 이유가 아마도 자신이 자존감이 낮다고 생각하는 사람이 많기 때문일 것이다.

대개 자존감이 낮은 경우는 타인에 의해 내 삶이 결정되는 경우이다. 부모 말 잘 듣고, 좋은 대학 나와서, 원하는 배우자를 만나 결혼 생활을 하고 가정을 이룬다. 어디에서나 볼 수 있는 평범하면서도 모범적인 모습이며, 보편적이라 느끼는 삶의 형태이다.

하지만 요즘에는 자신의 삶에 집중하며 보편적 삶에서 탈피하기를 원하는 이들이 늘어났다.

자존감은 내 뜻대로 살겠다는 자신감이 있어야 비로소 올라간다. 자존감과 자신감은 마치 쌍둥이 같은 존재라, 둘 중 하나만 없어도 균형이 맞지 않아 금세 무너지고 만다.

자존감과 자신감은 자기 마음을 이해하는 데서부터 시작된다. 꿈과 소망 등을 스스로에게 물으며 표현하면 삶을 더욱 명료하게 바라볼 수 있는 시야가 생긴다. 또한 긍정적인 마음에 깃드는 자존감은 주변인들에게 감사와 따뜻한 온정으로 드러난다. 하지만 마음속에 걱정이 가득하다면 자존감은 떨어진다.

그중 가장 골치 아픈 것이 부정적인 생각이다. 부정적인 생각은 일종의 습관에 가깝다. 꼬리에 꼬리를 물고 이어지는 부정적인 생각은 멈추고, 머릿속을 비우는 연습을 꾸준히 해야 한다. 자전거 바퀴에 잡초가 잔뜩 붙어 있으면 삐걱대며 앞으로 잘 나아가지 않는다. 이처럼 내 마음속 잡스러운 생각들을 떨쳐 내야 인생의 자전거가 달릴 수 있다.

자존감을 살리는 도구 중 하나는 허세이다. 우리는 허세를 부리는 사람들에 대해 거부감을 느낀다. '나보다도 못한 주제에…….'라고 생각하며 무시하고 경멸하고 싶어 한다. 하지만 때로는 이런 것도 필요한 순간이 있다. 사는 것이 구차하고, 왠지 비참한 느낌이 들 때 심리적 치료 차원에서 나 스스로 이만하면 괜찮은 사람이라고 생각해 보자.

또한 하루쯤은 나를 위한 시간을 보내며 스스로를 귀하게 대접해 주는 것이 좋다. 일시적인 우울감은 먼지와 같다. 그러기에 그냥 내버려 두면 계속해서 쌓이고, 어느새 그 먼지 구덩이 속에 있는 것이 익숙해진다. 그래서 가끔은 "이만하면 나 괜찮은 사람 아닌가?"라고 스스로를 추켜올려 세우는 것이 필요하다. 그래야 묵은 먼지도 털어 버릴 수 있고, 구부러졌던 마음의 결도 반듯하게 바로 잡을 수 있다.

──────────○ **내 마음을 바라보는 시간** ○──────────

나는 자존감이 높은 편인가, 낮은 편인가?

진정한 변화의 시작은 지금부터

우리 마음 안에는 일종의 제어 장치가 있어서, 내 마음대로 살겠다고 해도 선뜻 행동으로 옮기지 못한다. 그러기에 사회적 평가 혹은 사회적 이상에만 맞추어 살다 보면 어느 순간 지쳐 버리고 마는 것이다.

동양 문화권의 경우에 이런 현상이 더 심각한데, 윗사람의 심기를 건드리지 않고 다른 사람들에게 책잡히지 않으려는 문화가 만연해 있다. 오히려 이런 사람들이 겸손하거나 예의 바르다는 평을 듣기도 한다.

타인에게 잘 보이고자 하는 마음은 교육을 통해 심어진다. 성장 과정에서 만난 수많은 사람이 같은 이야기를 반복해서 하면 어느새 자연스럽게 받아들이게 되는 것이다. 그리고 모두가 그 사실을 의심하지 않으니 진리라 믿게 된다.

하지만 이것은 나 스스로 온전히 사고한 것이 아닌, 누군가 내게 심어 놓은 생각일 뿐이다. 이를 '내사'라고 한다. 내사가 심한 사람일수록 자기 스스로 인생을 만들어 가지 못한다.

상담은 내 마음속의 '다른 나'와 벌이는 전쟁이다. 오랫동안 내 마음속에서 견고히 자리 잡은 이 생각은 쉽게 사라지지 않는다. 그래서 새로운 생각을 받아들이는 것이 어렵다. 새로운 생각을 받아들이려고 하면 익숙하고 편안한 옛날로 돌아가고 싶은 저항이 일어난다. 그래서 상담가들은 내담자의 익숙함을 깨뜨리려 부단히 노력한다. 상담의 효과를 보기 위해서는 인내력이 필요한데, 그만큼 오랜 시간 동안 박혀 있던 생각을 바꾸는 데에는 꽤 많은 품이 든다.

외부의 시선에 지나치게 신경을 쓰면 자신의 내적 추구나 개성을 소홀히 하게 된다. 따라서 진정한 자기실현은 자아를 덮어씌운 가면을 벗기는 작업이다. 자기 탐색으로 내가 누군지 알아갈수록 사회나 타인이 만든 집단적 무의식의 영향에서 벗어나게 된다. 그리하여 개인적인 자아에 갇혀 있지 않고 보다 넓은 세계와 객체에 참여한다.

이렇게 인생을 개척해 나가기 위해서는 자립심이 필요하다. 그러려면 다른 사람이 내게 전해 주는 생각을 이성적이고 비판적인 입장에서 듣는 것이 좋다. 심리학에서는 이것을 '치아 공격성'이라고 한다. 치아의 기능은 음식물을 잘게 씹는 것이다. 음식을 잘게 씹어야 소화가 되고, 비로소 내 피와 살이 된다. 하지만 씹지도 않고 그냥 받아 넘긴 음식물은 탈이 나기 마련이다. 그러니 외부에서 들어오는 생각들도 잘게 씹어야 비로소 내 것이 된다. 이렇게 외부 메시지를 소화하는 과정 없이 무조건 받아들이면 습관적이고 자동화된 행동을 반복하게 된다.

따라서 새로운 자극이 필요할 때는 외부 메시지를 한 번 더 생각해 보는 것이 좋다. '왜 그렇지? 왜 그렇게 얘기하는 거지?'라고 곱씹다 보면 스스로 사유할 수 있는 힘이 생긴다. 또한 나만의 주관이 뚜렷이 서게 되니, 삶을 대하는 태도도 훨씬 더 당당해지는 것이다.

삶을 한층 성장시키는 것은 내가 누군지 분명하게 아는 데에서 온다. 가장 좋은 것은 책이나 신문을 가까이 하면서 끊임없이 사고를 키우며 곱씹어 보는 것이다. 그러다 보면 가치관이 뚜렷이 정립되며 자연스레 사고의 폭도 넓어진다. 인생에 자신만의 철학이 있고, 깊은 사유를 하는 이들은 외부의 의견에 쉽게 흔들리지 않는다. 자신이 세운 올바른 가치관이 뚜렷이 정립되어 있기 때문이다.

영국의 극작가 버나드 쇼는 "사람들은 항상 자신의 현 위치를 자신이 처한 환경 탓으로 돌린다. 그러나 나는 환경이란 것을 믿지 않는다. 세상에서 성공한 사람들은 스스로 일어서서 자신이 원하는 환경을 찾는 사람들이다. 만약 그런 환경을 찾을 수 없다면 그런 환경을 만들어 내는 사람들이다."라는 말을 하였다.

진정한 자기실현과 자신의 선택을 통제할 수 있기를 바란다면 지금껏 몸에 익숙해진 습관을 떨쳐 버리는 정성을 기울일 필요가 있다.

──────○ 내 마음을 바라보는 시간 ○──────

내가 가진 내사는 어떤 것이 있는가? 나는 물음을 품고 사는 편인가?

먼 곳에서 행복을 찾으려 하지 마세요

 "행복하려면 무엇이 필요할까?"라는 질문에 아마 대부분 돈이라고 답할 것이다. 사실 모든 것을 돈으로 사고파는 자본주의 사회에서 꼭 필요한 존재이기는 하지만, 돈을 우선순위로 두게 된다면 또 다른 문제가 발생한다. 이런 사회에서는 때로는 돈이 신처럼 여기며, 사람조차 돈으로 평가한다. 사람의 인성이나 그 내면에 담긴 가치는 뒷전이 되어 버리는 것이다.
 미국에서 억만장자 49명을 대상으로 그들이 느끼는 행복의 정도를 조사한 적이 있는데 결과는 뜻밖이었다. 오히려 자신의 삶이 불행하다는 답이 더 많았다. 심지어 어떤 부자는 자신은 한 번도 행복해 본 적이 없으며 여전히 진정한 행복을 갈망한다고 말했다. 이처럼 꼭 행복과 돈은 결부되는 문제가 아니라는 것을 알 수 있다.

행복에 대해 이야기할 때마다 페루의 한 선교사가 들려준 일화가 떠오른다. 그가 페루에 있을 시절, 어느 가난한 가정의 저녁 식사에 초대받았던 적이 있었다고 한다. 차린 것 없는 소박한 밥상이었지만 온 가족이 한데 둘러앉아 웃고 떠들며 밥을 먹는 모습이 오랫동안 마음에 남았다고 했다. 하지만 그보다 훨씬 부유한 북미 가정의 식사 시간은 차린 것도 많고, 음식도 맛있었지만 어쩐지 삭막했다고 했다. 이처럼 가진 것이 적어도 거기에 만족하면 행복하지만, 돈이 아무리 많아도 만족하지 못하면 늘 불행할 수밖에 없다.

버나드 림랜드라는 학자는 200여 명의 학생들에게 잘 아는 사람 10명의 이름을 적으라고 했다. 그리고 그 10명이 불행한 사람인지 행복한 사람인지 적고, 그다음에는 그 사람이 남을 돕는 사람인지 이기적인 사람인지 적게 했다. 결과는 행복해 보이는 사람의 4분의 3 정도가 남을 돕는 사람이었고, 불행해 보이는 사람의 95퍼센트가 이기적인 사람이었다고 한다.

이처럼 남을 돕는 사람은 마음에 여유가 있기에 행복해 보일 수밖에 없다. 마음에 여유가 없으면 앞날에 대한 불안과 두려움, 걱정에 쫓기면서 사느라 주변을 살피지 못한다.

그리스 철학자 데모스테네스는 "원하는 것을 가질 수 있다면 큰 행복이다. 하지만 그보다 더 큰 행복은 갖고 있지 않은 것을 원하지 않는 것이다."라고 말했다. 한 번쯤 새겨들을 필요가 있는 말이다.

내가 가진 것에 만족하며 기꺼이 남을 돕고, 자신에게 주어진 일에 충실한 가운데 좋은 지인을 많이 사귈 수 있도록 노력해 보자. 내 인생의 질이 달라지는 것을 느낄 수 있을 것이다.

―――――――○ 내 마음을 바라보는 시간 ○―――――――

나는 언제 무엇을 할 때 행복한가? 나를 행복하게 하는 것이 무엇인지 적어 보자.

삶에는 등대가 필요합니다

보이지 않는 하느님을 어떻게 믿느냐고 묻는 사람들이 있다. 물론 신앙인들에게도 믿음이 흔들리는 순간이 종종 찾아온다. 특히 아무리 기도를 해도 상황이 나아지지 않을 때, 그리고 응답받지 못하고 있다고 느낄 때 그렇다.

이런 순간에는 기도가 아무런 소용이 없는 것 같고, 하느님이 계시지 않는 것처럼 느껴질 때도 있다. 하지만 믿음은 그렇게 쉽게 판단할 수 있는 것이 아니다.

믿음은 삶에 의미를 부여해 주며, 삶의 의미가 있으면 어떠한 일도 헤쳐 나갈 수 있다. 의미 없는 삶은 한 사람을 죽음의 길로 이끈다. 그래서 이런 삶에 의미를 부여해 주는 믿음은 중요하다. 믿음은 희망을 갖게 하고, 희망은 삶에 의미와 동기를 부여해 주기 때문이다.

신의 존재에 대한 깊은 믿음은 그저 막연한 믿음보다 훨씬 더 강력한 힘이 있다. 하느님께서 내 삶의 의미를 불어 넣어 주셨다는 믿음이 있는 사람들은 어떤 상황에서도 쉽게 무너지지 않고 자신을 지켜 낼 수 있다.

종교에서는 신적 존재를 증명해 주는 '기적'을 필요로 한다. 기적은 신자들이 더욱 강력한 믿음을 갖고 하느님의 뜻을 따르는 삶을 살도록 해 준다. 특히 가톨릭에서는 '성모 발현'이 유명하다. 성모 발현은 하느님의 존재하심과 교회의 기적, 그리고 그분께서 우리를 사랑하심을 보여 준다. 가톨릭 교회를 '기적의 교회', '믿음의 교회'라고 하는 것은 이런 발현 때문이다.

옛날 유럽인들은 항해를 할 때, 반드시 뱃머리에 성모상을 모셨다고 한다. 아무리 노련한 선장이어도 늘 변화무쌍한 바다는 두렵기 마련이니, 그 두려움을 극복하기 위해 성모상을 바라보며 기도했던 것이다.

우리 인생길도 험난한 바다를 항해하는 것과 같기에, 나를 지켜 주고 이끌어 주는 주님과 성모님께 기도드리며 가는 것이 안전하다.

믿음이 없는 사람들은 바꿀 수 없는 것을 바꾸려고 한다. 그러니 학습된 무기력에 더 이상의 행동을 포기하고 수동적으로 변한다. 또한 우울증, 불안, 외상 후 스트레스 장애 같은 심리적 스트레스에 시달린다.

하지만 믿음을 가진 사람들은 역경을 겪으면서도 삶의 의미를 잃지 않고, 오히려 현실적 삶을 수용하고 받아들인다. 물론 이들도 나쁜 일을 당하고 나면 처음에는 부정적 감정에 휩싸이기도 한다. 그러나 기도 안에서 고통스러운 상실감을 좋은 면으로 변화시키려 노력한다.

> 제가 바꿀 수 있는 것은 바꿀 수 있는 용기를 주십시오.
> 바꿀 수 없는 것은 받아들일 수 있는 인내를 청합니다.
> 또한 그들을 분별할 수 있는 지혜를 주십시오.

이 '평온의 기도'는 믿음을 가진 사람들의 기도라 할 수 있다.

이 기도를 통해 우리가 깨닫게 되는 것은 고통을 대하는 태도이다. 고통이 끝나기를 기도하는 것이 아닌, 온전히 받아들일 수 있도록 청하는 인내와 용기를 하느님께 청하는 것이 옳다. 그러면 언젠가는 어두운 고지에서 벗어나 나비처럼 아름답게 날아오르게 될 것이다.

─────○ **내 마음을 바라보는 시간** ○─────

나는 어느 정도의 믿음을 가지고 사는가? 믿음이 흔들리는 순간에는 어떻게 하는가?

걱정만 한다고 해결되는 것은 없어요

요새 자주 언급되는 단어 중에 '코로나 블루'가 있다. 코로나-19와 우울감blue이 합쳐진 신조어로, 코로나로 인한 일상의 큰 변화로 생긴 우울감이나 무기력증을 말한다. 이처럼 몸과 마음은 서로 고통을 주고받는 순환 고리가 있다. 그래서 불안이나 걱정거리가 있을 때 몸에서도 변화가 일어난다. 그럼 이 불안과 걱정을 어떻게 대응해야 할까?

사람들은 하루에 평균적으로 오만 가지 정도의 생각을 한다고 한다. 대부분은 화, 두려움, 비관 등 부정적 생각이다. 중요한 것은 그 어떤 생각도 한 곳에 머무르지 않다는 것이다. 그래서 생각을 그저 스쳐 지나 보낼 수도 있고, 점점 더 깊게 빠져들기도 하는 것이다. 불길한 생각에 얽매이지 않고, 그 생각이 지나가길 기다리는 것이 무엇보다 중요하다.

기분이 나쁠 때는 스트레스를 만드는 생각이 많이 내재되어 있다. 이럴 때는 스트레스로 가득 찬 감정을 파악하고, 스트레스를 만드는 원인이 무엇인지 찾아야 한다. 어떤 상황에서 스트레스를 받는지 정확히 파악해야 부정적 생각을 뿌리칠 수 있다.

사실 우리가 걱정하는 일은 대부분 일어나지 않는다. 하지만 걱정이 많은 사람들은 자신들이 생각한 불행이 닥칠까 늘 불안해한다. 그래서 그 불행을 막기 위한 나름의 준비를 하기 때문에 자신에게는 불행이 일어나지 않을 거라 안심한다. 이런 사람들은 확실하지 않은 것을 참지 못한다. 그래서 그 일이 일어나지 않을 것이라는 확실한 보장을 원한다. 세상에 확실한 것은 없는데도 말이다.

따라서 걱정을 줄이려면 불안을 인생의 한 부분으로 인정하고 받아들이는 것이 중요하다. 불안을 잘 다루는 방법은 바로 '의지'이다. 이 의지는 그냥 키워지는 것이 아니라, 문제를 해결하겠다는 굳센 신념이 있어야 한다.

따라서 걱정되는 일이 있으면 방 안에 뭉개고 앉아 걱정을 키울 것이 아니라, 오히려 문제의 해결을 위해 행동하는 것이 낫다. 매일 30분 정도 걱정하는 시간을 가지고, 걱정 목록을 만드는 것도 도움이 된다. 그러다 보면 나의 걱정이 어디에서 왔는지, 무엇 때문에 걱정을 하게 되었는지 찬찬히 살펴볼 수 있게 된다. 그리고 해결할 수 없는 것들은 지우고 하느님께 맡기는 것이 최상의 방법이다.

언젠가 본 〈다우트〉라는 영화의 대사가 떠오른다. 등장인물 중 플린 신부라는 인물이 한 이야기인데, 우리 삶의 한 부분을 시적으로 함축한 듯한 아름다운 대사였다.

"살다 보면 때로는 우리 등 뒤로 바람이 불어오곤 합니다. 그리고 그 바람이 저를 어디론가 떠나보내려 합니다. 우리는 그것을 볼 수도 없고, 어떻게 할 수도 없으며, 또 왜 부는지도 알 수 없습니다. 그러나 저는 만족합니다. 왜냐하면, 진정으로 저를 움직이는 분은 더욱 뛰어난 지혜를 통해 가장 좋은 것을 제게 주신다는 믿음이 있으니까요."

이처럼 우리는 나를 혼란케 하는 걱정과 불안이 어디서 온 것인지 알지 못한다. 그러기에 길을 잃기도 하고, 세찬 바람 앞에 흔들리기도 하는 것이다.

하지만 우리를 진정으로 움직이는 하느님께서는 이 바람 안에서도 손길을 내미신다. 그리고 우리가 모든 것을 내어 맡기고 의지할 때 비로소 함께 계신다. 그러니 그분을 믿고 천천히 나아가도록 하자.

──────── ○ 내 마음을 바라보는 시간 ○ ────────

내가 걱정하는 것이 무엇인지 그 종류를 적고, 이를 해결하는 방법도 적어 보도록 하자.

단호하게 선을 그어라

 어린 시절 즐겨했던 놀이 중 '땅따먹기'가 있다. 일종의 영역 다툼 놀이이다. 인간관계도 이와 비슷한 측면이 있다. 우리는 타인을 내 영역 안으로 초대하기도 하고, 내가 타인의 영역으로 들어가기도 한다.

 하지만 때로는 인간관계에 단호한 선을 그어야 할 때도 있다. 심지어 부모 자식 간에도 마찬가지이다. 예컨대 자녀가 사회적으로 비난받을 문제를 저질렀을 때 부모들은 경찰이나 법원에 도움을 청하기를 망설인다. "그래도 내 자식인데 어떻게 합니까."라고 한다. 부부 사이에서도 마찬가지이다. 폭력을 휘두르는 남편을 신고하지 못하고, "그래도 내 가족이고, 남편이고, 아이들 아빠인데……."라며 응어리 맺힌 채 사는 모습을 종종 본다.

하지만 단호하게 선을 긋지 않게 되면 피해자는 계속 생긴다. 그리고 가해자는 폭력을 행사하는 것을 당연시한다. 가해자에게 단호히 선을 그으면 그는 일단 그 방식을 포기한다. 물론 자신 안에 내재된 근본적인 문제와, 타인에 대해 결여된 존중심 등의 문제까지 해결된 것은 아니다. 하지만 폭력적인 행동이 사라지면 그다음 단계로 넘어갈 수 있는 여지가 생긴다.

그래서 때로는 인간관계에서 선을 긋는 것이 중요하다. 선을 긋는다는 것은 자신을 존중하는 의미로 자기 주변에 그어 놓은 확고한 행동 기준이다. 어떤 식이든 타인이 폭력을 행사한다면 확실하게 싫다는 의사 표시를 하고, 내가 존중받을 권리를 주장해야 한다. 상대방을 자기 뜻대로 하려고 공격적 통제 방식을 쓰는 사람에게는 그런 식으로는 원하는 것을 얻을 수 없다는 것을 명백히 보여 주어야 한다.

언어폭력을 가하는 상대에게는 일단 명확한 의사 표현을 해야 한다. '당신이 내게 공격적으로 행동하거나, 교묘한 술책을 부려도 나는 절대 겁먹지 않는다. 당신의 행동에 굴복하지 않겠다.'라는 단호한 의지를 보이는 것이다. 그런 후, 상황이 진정되면 서로 존중하는 분위기 속에서 대화가 이루어져야 한다는 전제 하에 상대방의 이야기를 들을 의향이 있다고 말해야 한다. 그럼에도 불구하고 폭력적 상황이 지속되면 전문가나 해당 기관에 도움을 요청하는 것이 낫다.

다른 사람들이 나를 함부로 대하는 것은 나를 사람으로 존중하지 않기 때문이다. 또한 내가 존중받을 권리가 있는 사람임을 보여 주지 않았기에 그런 것이다.

착한 아이 콤플렉스가 있거나, 의존증이 심한 사람들은 선 긋기를 꺼려한다. 이런 사람들은 폭력에 노출된 상황에서도 무조건 참기만 한다. 신앙인들 역시도 예수님처럼 어떤 상황에서든 너그럽게 참아야 한다고 생각한다. 부당한 폭력에 저항하는 게 진정한 신앙인의 태도가 아니라고 생각하는 것이다. 하지만 선 긋기는 건강한 삶을 위해, 또 내가 진정한 나로서 존중받기 위한 방법이라는 것을 잘 기억해 두어야 한다.

특히 선을 긋는다는 것은 나를 존중할 뿐만 아니라, 타인을 배려하고 존중하는 것이다. 그리하여 타인과 건강하고 성숙한 관계를 맺을 수 있을 것이다.

──────────○ **내 마음을 바라보는 시간** ○──────────

나는 다른 사람들과 어느 정도의 선 긋기, 거리 두기를 하고 있는가? 선 긋기가 잘 안 되는 이유는 무엇일지 생각해 보자.

쉬운 길로 가는 것이 꼭 좋은 것은 아닙니다

사람은 누구나 미래를 알 수 없기에 불안해하며 산다. 하지만 다들 이런 불안을 감소시키는 나름의 방법을 갖고 있다.

운동선수들이 말하는 징크스와 같은 것이 그 좋은 예시가 될 것이다. 항상 왼발부터 걸음을 시작한다거나, 요일에 맞는 속옷을 입는다거나 하는 행동은 패배할지 모른다는 불안을 줄여 주는 나름의 방법이다. 그들은 이러한 행동들이 어색하지 않도록 계속 반복하여 습관처럼 만들곤 한다.

불안을 강하게 느끼는 사람들도 비슷하다. 그들도 나름 불안을 줄여 주는 행동을 찾는다. 그러고 나서는 이러한 행동이 하나의 습관처럼 굳어지도록 노력한다.

지나친 이기심을 버리고 이타심으로 성숙하게 살고자 하는 영성 수련도 마찬가지이다. 사람들은 보통 상황이 안 좋을수록 이기심을 보이곤 한다. 자기만 먹으려고 하고 자기만 살려고 한다. 이는 인간의 본성이다. 이런 이기적인 본성을 자라지 않게 하고, 성숙한 사람이 되기 위해서 우리는 이타적인 삶을 사는 훈련을 반복적으로 해야 한다.

경호원들이 자신의 몸을 먼저 지키려는 본성을 누르고, 상대를 먼저 보호하는 것을 수없이 반복하며 훈련하듯이 말이다. 이웃을 위해 기도하고 봉사활동을 하는 것은 이러한 영성 수련을 위한 것이다. 이렇게 전례에 참여하거나 기도를 반복하는 것도 불안감을 감소하기 위한 심리 치료적 목적이 있는 게 아닐까 하는 생각이 든다.

실제로 불안하거나 고통스러운 상황에 놓일 때 제일 먼저 묵주를 드는 이들이 있다. 이런 사람들은 미사 참례와 묵주 기도를 바치며 마음의 안정감을 찾는다고 이야기한다. 그 안에서 나를 하느님께 오롯이 내어맡기려는 자기 성찰적 태도가 훈련이 된 것이다.

하지만 자기 성찰도 자칫 잘못된 방향으로 어긋날 수 있다. 바로 '자기 단죄'를 하는 것이다. 자기 단죄는 스스로를 죄인이라 여기며 모든 행동 하나하나에 자기 검열을 하게끔 만드는데, 지나친 자기 검열은 우울증이나 불안증을 유발한다. 따라서 진정한 자아 성찰은 나 스스로를 받아들이며 나의 허물을 겸허하게 받아들이는 것이다. 바로 이것이 진정한 겸손이다. 이 겸손은 상처를 회복하는 데에 힘을 실어 준다.

하지만 거짓 겸손은 그럴싸한 자기 포장과 기만일 뿐이다. 간혹 기도 모임 등을 다녀와서 새로운 삶을 얻었다고 자랑하는 이들이 있다. 내적 변화의 과정은 이처럼 간단하지 않다. 이 변화는 자기 살을 깎는 듯한 고통이 필수적으로 수반된다. 앞에서 말한 것처럼 운동선수들이나 경호 요원들이 자신의 기량을 높이기 위해 자신의 본능과 습관을 누르고, 더 높은 이상을 향하여 훈련하는 모습과 비슷하다. 그래서 기쁘고 달콤한 내적 변화는 없는 것이다.

간혹 쉬운 길이 있으니 굳이 힘들게 가지 않아도 된다고 속삭이는 이들이 있다. 그러나 쉬운 길로 돌아가려다 오히려 진창에 빠질 수도 있다.

따라서 삶의 파도와 감정의 동요를 우직하게 견디는 것도 필요하다. 내면적으로 성숙한 이들은 억지로 파도를 가라앉히려 하지 않고, 그저 파도에 몸을 맡기며 적응할 뿐이다. 지금 내 인생이 고통스럽더라도 절망할 필요는 없다. 이 시기가 나를 더욱 강하게 해 주리라는 믿음과 더불어, 이 상황을 바꿀 힘이 내 안에 이미 있다는 것을 기억하자. 예수님께서도 부활 전 수난을 겪으셨던 것처럼 말이다. 이처럼 새로운 삶을 맞아들이는 것은 조금은 고통스럽고 힘든 수련의 과정이 있다는 것을 마음에 새기길 바란다.

───────── ○ **내 마음을 바라보는 시간** ○ ─────────

내 삶을 좀 더 나은 방향으로 만들기 위해 지금 어떤 훈련을 하고 있는가?

누구보다 값지고 소중한 나

심리 치료에서는 누구보다도 나 자신을 중요시한다. 그래서 내가 가치 있는 사람이며 소중한 사람임을 인식하도록 돕는다. 하지만 자기 자신에 대한 강한 혐오감을 지닌 사람들이 있다. 그런 이들의 특징은 다음과 같다.

1. 주위 사람들에게 좋게 보이려 애쓰다 보니 지나친 완벽주의를 추구한다.

2. 자신의 상처를 자꾸 변명하려 하고, 다른 사람과 정서적으로 가까워

지는 것을 거부한다.

3. 다른 사람의 욕구와 필요를 지나치게 신경 쓰고, 내가 부당한 대우를 받아도 견디려고만 한다.

4. 자기 가치를 인정받기 위해 외적인 면에 치중한다.

5. 감정의 문을 닫아걸고, 아무런 느낌이 없는 것처럼 행동하기도 한다.

6. 엄격한 도덕적 규범이나 종교적 규범을 준수하면서 그 뒤에 숨기도 한다.

7. 공격적, 지배적 성향이 강하다.

8. 늘 남의 탓을 해서 다른 이들에게 너그럽지 못하다는 이야기를 자주 듣는다(이 경우에는 자신에게 문제가 없다고 생각한다).

9. 수치심을 해소하기 위해 충동적이며 중독적인 생활 패턴에 빠지기도 한다.

10. 다른 사람에게 자신이 주는 것보다 더 많은 사랑을 받기를 원한다.

이런 사람들은 자신을 먼저 돌보아야 한다. 건강한 자아는 자기 자신을 이해하는 과정에서 확립된다. 그리고 자아가 튼튼할수록 고통이나 공포, 좌절 등을 잘 이해하며, 다른 사람을 탓하거나 비난하지 않게 된다.

내면의 소리에 귀 기울이고, 좀 더 의미 있는 자아를 찾기 위해 노력하면 감정의 포로가 되는 것에서 벗어날 수 있다. 이런 과정을 거치게 되면 비로소 나라는 존재가 보이기 시작한다. 그리고 부족한 내 자신을 억압하고 비난하기보다는 좀 더 너그러운 시선으로 품을 수 있게 될 것이다.

간혹 타인을 대할 때 지나치게 낮은 자세를 취하는 사람들이 있다. 이런 사람들은 타인의 친절이나 호의를 좀처럼 받으려 하지 않지만, 다른 사람에게는 과할 정도로 공손하게 행동한다. 그리고 자기 자신을 낮추는 말을 즐겨 쓴다. 왜 그러는 것일까?

바로 마음속 열등감 때문이다. 자신 스스로 '나는 친절과 호의를 받을 자격이 없어.'라고 생각하기 때문에 다른 사람의 도움이나 칭찬을 불편하게 여기는 것이다. 더 나아가서는 타인이 나를 무시하고 있다는 피해망상까지 생긴다. 그러므로 상대방과의 진정한 교감을 나누기가 어려워진다. 이를 다른 말로 '거짓 겸손'이라고도 한다.

이를 잘 보여 주는 인물이 다자이 오사무의 소설 《인간 실격》의 등장인물인 '요조'이다. 요조는 속고 속이며 사는 모순투성이의 인간을 이해하지 못한다. 그리고 사람들이 화를 내면 어쩔 줄

몰라 공포로 얼어붙고 마는데, 그런 자신을 감추기 위해 오히려 익살스럽게 행동한다. 그러면서 남의 비위를 맞추느라 애를 쓰는 데도 불구하고 늘 사람들에게 이용당한다.

진정으로 겸손한 사람은 자신을 지나치게 높이지도, 낮추지도 않는다. 진정한 겸손은 내 감정을 정직하게 표현하는 데에서 나온다. 이는 '자기 합리화'가 아닌 '자기 이해'이다. 솔직한 감정 표현을 훈련하면 인간관계에 있어서도 변화가 생긴다. 다른 사람들에게 더 이상 내 상황이나 감정을 에둘러 표현하거나 속이지 않으니 있는 그대로의 나를 바라봐 준다. 그러면 내적인 힘이 생기며 진정한 겸손이 몸에 밴다.

심리학자인 융은 인간의 삶을 "그림자와 함께 사는 것"이라고 말했다. 밝은 면이 있으면 어두운 면도 있는 법이다. 그래서 융은 사람이 연속적 재난에 빠지지 않고 어떻게 하면 이 그림자와 공존하며 살 수 있을까 고민했다. 결론은 이 그림자 인식이 겸손에 도움을 주는 측면이 있다는 것이었다.

그림자가 없는 사람은 이를 무시하며 자기 자신을 흠 없는 사람이라 여기지만, 이를 분명하게 인식하는 사람은 나의 결점을 솔직히 인정하기에 진정으로 겸손해질 수 있다.

이처럼 내 자신의 가치를 진정으로 높일 수 있는 것은 외적인 요소에 있지 않다. 다른 사람들에게 헌신하는데도 정작 돌아오는 것은 별로 없다고 느낀다면 이 역시도 마찬가지이다.

모든 문제의 답은 바로 내 안에 있다. 내가 제일 잘할 수 있는 것이 무엇인지, 내 안에 숨어 있는 잠재력이 있는지 찾다 보면 스스로를 좀 더 사랑할 수 있게 된다. 그러면 내적인 만족감이 높아지며, 타인에게도 당당히 '나'란 존재로 설 수 있게 될 것이다.

──────── ○ **내 마음을 바라보는 시간** ○ ────────

내 삶의 그림자는 무엇인가? 다른 사람의 요구나 기분을 늘 맞춰 주면서 초조해하고 있지는 않는가?

함께 권하는 도서

나는 생각보다 괜찮은 사람
홍성남 지음

마음이 힘든 이유를 모르는 이들에게 자신의 마음을 들여다보며 그 이유를 찾고, 실질적으로 해결할 수 있도록 도움을 주는 책입니다.

나로 사는 걸 깜박했어요
홍성남 지음

루카 복음서를 새롭게 읽으면서 마음을 돌보고 행복하게 사는 법을 알려 주며, 성경 속 인물에게서 찾은 지혜를 우리 자신에 적용해 볼 수 있도록 이끌어 주는 책입니다.

딱! 알맞게 살아가는 법
안셀름 그륀 지음 | 최용호 옮김

나 자신을 지키면서 즐겁게 살아갈 수 있도록 삶의 균형을 잡는 구체적인 방법이 담겨 있습니다. 이 책에서 일러 주는 '중용'의 힘을 통해 삶의 품격을 높이고 평온을 누려 보세요.

지친 하루의 깨달음
안셀름 그륀 지음 | 신동환 옮김

몸과 마음이 피곤하고 모든 것에 의문이 들 때, 자신을 돌아볼 수 있도록 도와주며, 피로의 진정한 의미를 발견하고 차분히 대처할 수 있도록 이끌어 주는 책입니다.

가톨릭출판사 인터넷쇼핑몰 www.catholicbook.kr ▼

가톨릭의 모든 도서와 성물을 가톨릭출판사 인터넷쇼핑몰에서 만나 보실 수 있습니다.

"자신의 마음을 스스로 돌볼 줄 알아야 합니다."

아무도 내 마음을 이해할 수 없다고 느낄 때,
누구도 날 도와줄 수 없다고 느낄 때,
스스로 내 마음을 돌볼 수 있도록 일러 주는 마음 지침서

다른 이가 건네는 위로가 필요한 순간도 분명 있다.
그럼에도 불구하고 내가 아니면 어루만질 수 없는 마음의 부분도 존재하기에,
이 책을 읽는 이들이 그런 마음을 들여다볼 수 있기를 바라며 제목을 지었다.
완벽하지 않고 부족한 내 모습도 보듬고 사랑해 주길 바란다.
그래야 흔들리는 풍파 속에서도 자신을 잃어버리지 않을 수 있을 테니 말이다.

― '시작하는 글' 중에서